JN303212

日本人のための
韓国語ナビ

1 初級

慶熙大学国際教育院
日本語監訳 姜奉植

国書刊行会

はじめに

　言語は相手を理解するのに良い道具です。言語を学ぶことで、その国の人たちの生活を理解することができます。このような視点から、言語を学ぶことは重要であるといえるでしょう。韓国はお隣の国ですから、より一層知る必要があるのではないでしょうか。知ることによりお互いに対しての誤解をなくすことができるのです。

　日本と韓国は世界で唯一時計の針を直さずに旅行ができる国です。距離的には近いのですが、今なお日本と韓国は近くて遠い国という言葉がある程お互いをよく知りません。

　現在、多くの韓国人が日本語を学んでおり、日本文化についても興味をもっています。また、日本にも韓国語に興味をもつ人が多くなりました。これは非常にいい現象で、近いうちに近くて近い国になると確信しています。

　韓国語を勉強する日本の方たちに、本書が良い道しるべとなることを願っています。教材がよいものであればあるほど韓国語の学習も捗ることでしょう。この教材はキョンヒ(慶熙)大学の"韓国語"を基にし、登場人物と内容の一部を日本人学習者に合わせてまとめ、各課毎に学習目標を揚げて学習者自身が何を覚えなければならないかを明示化しました。韓国語でうまくコミュニケーションできるようになることを目的としていますので、会話学習に大いに役に立つと思います。また、文法部分も固い文法ではないため、楽しく文法学習ができるでしょう。本書は韓国の文化についても紹介しており、本書を通じて韓国文化への関心も持って頂けたら幸いです。

　本書ができるまでご協力頂きました時事日本語社の嚴鎬烈会長以下職員の皆さまに深く感謝致します。

　本書で韓国語を楽しく学び、韓国人の友だちがたくさんできることを心より願っています。

慶熙大学国際教育院
院長　金　重　燮

本書の使い方

❶ 本教材の特色。
- コミュニケーション能力の向上を主な目的とし、日常生活にみられる様々な課題を取り上げています。
- 総合的な学習をねらいとし、各課ごとに聞き取り、会話、読み、書きの全てが学べるように構成しています。
- 学習者の理解を助けるため、イラストや写真などの視覚資料を豊富に取り入れています。また、教材の内容になじみやすいよう、身近なシチュエーションを設定しています。
- 流暢さと正確さを全学習の主な目標とし、正確な文法項目の活用も重視しています。
- 現在も広くみられる韓国固有の文化を紹介し、韓国文化に自然なかたちで触れられるよう工夫しています。

❷ 本教材は初級Ⅰ・Ⅱ巻で構成されています。第Ⅰ巻はハングル入門編と本編全20課、第Ⅱ巻は本編全25課の構成です。各巻には聞き取り用のCDが付いています。

❸ 本教材で学習する語彙数は、Ⅰ・Ⅱ巻を合わせて約1,300語です。語彙の頻度と難易度を考慮し、基礎語彙に限定していますが、必ずしも頻度が高くなくても学習テーマにとって必要な語彙はなるべく取り上げるようにしました。文法表現の数は全部で110余りで、やはり使用頻度と難易度を考慮して選定しています。各課の文法表現の配列順序は重要度、難易度を考慮して決定しています。ただし、特定の場面の会話でよく使われる文法表現は、優先的に該当の課に盛り込んでいます。

❹ 初級教材全体の構成は以下の通りです。

	Ⅰ巻	Ⅱ巻
はじめに	あいさつの言葉	
本書の使い方	教材利用方法	
もくじ	入門編、本編	本編
入門編	ハングルの学習	なし
登場人物	教材の主な登場人物を簡単に紹介	
本編	第1課～第20課	第1課～第25課
付録1	模範解答、聞き取りスクリプト	
付録2	動詞活用表	不規則動詞活用表
付録3	表現/語彙	

❺ 入門編はハングルの基礎的な知識を理解するためのものです。それと同時に、基本語彙に自然と親しむことができるようにしています。

❻ 各課ごとに、聞き取り・会話・読み・書きの順で学習を進められるように構成しています。効率的に教材を利用できるよう、課の構成の意図と利用方法を紹介します。

聞き取りは各課の導入部に入っています。会話にはその課で学習する文法表現を取り入れています。学習者が理解しやすいよう、イラストを掲載しています。聞く前にイラストを使って、テーマになじんでおくのが良いでしょう。会話を2回聞いたのち、簡単な質問でイラストを見ながら会話の内容を確認します。2回で聞き取れない場合は内容が十分に理解できるまで聞きましょう。また、会話練習をすることもできます。

話してみましょう(文法と会話)は、目標文法表現を提示し、これを練習・活用する段階です。文法の提示には、「名詞」「動詞」「動作動詞」「状態動詞」の記号に応じてイラストを利用し、学習者が文法を簡単に理解できるように作りました。

2人、または1人でもできる単純な練習を通して、文法表現を帰納的に理解できるようにしました。

会話では、主に実際の状況と類似した課題に取り組めるように構成しました。

読みでは、課のテーマに関連した文章を読みます。文章内容は主に日常生活を扱ったものにしています。読んだ後、簡単な質問によって内容が理解できているかどうか確認できるようにしました。

書きでは、課の学習目標と関連したテーマを書くようにしました。課題に活用することもできます。

新しい単語には、各課に出て来た新しい語彙と表現をまとめました。表現には慣用語、連語などをまとめています。語彙と表現の意味は索引の翻訳を通して辞書を引かなくても分かるようにしました。

❼ 5課ごとに総合練習を設け、前に学んだ文法表現を復習し、総合的な課題に取り組めるようにしました。さらに、発音の項目を設け、間違いやすい子音の対立、母音の対立、基本的な音韻の規則などが練習できるようにしました。また、日常生活でよく使われる基本的な単語や語彙などを大きいイラストを使って分かりやすく整理しました。

❽ 学習者が楽しく学び、韓国についての理解を高めることができるよう、韓国文化、語彙練習、ゲームなども盛り込みました。

❾ 独学でも学べるよう、付録を掲載しました。解答の提示が可能なものは模範解答を示しています。聞き取りスクリプトを付録に収録したのは、学習者が学習中にスクリプトや翻訳文に頼る習慣を持たないようにするためです。聞き取りスクリプトの後には動詞活用表を掲載しました。索引には表現、語彙を別々に、それぞれ初めて出て来たページと意味を掲載し、辞書の役割を担えるようにしました。

目次

- 3_ はじめに
- 4_ 本書の使い方
- 7_ 本書の構成
- 9_ 入門編
- 24_ 登場人物

- 25_ 제1과　안녕하세요?　おはようございます。／こんにちは。／こんばんは。
- 30_ 제2과　여기가 학생 식당입니다.　ここが学生食堂です。
- 38_ 제3과　이것이 무엇입니까?　これは何ですか。
- 46_ 제4과　집이 어디에 있습니까?　家はどこにありますか。
- 54_ 제5과　종합 연습　総合練習
- 62_ 제6과　내일 우리 집에 오세요.　明日、私の家に来てください。
- 68_ 제7과　생일 축하해요!　お誕生日おめでとう!
- 76_ 제8과　무슨 음식을 좋아하세요?　どんな料理が好きですか。
- 84_ 제9과　대학교에서 한국어를 배웁니다.　大学で韓国語を学びます。
- 91_ 제10과　종합 연습　総合練習
- 98_ 제11과　서점이 몇 층에 있어요?　書店は何階にありますか。
- 107_ 제12과　아저씨, 이 사전 얼마예요?　おじさん、この辞書いくらですか。
- 114_ 제13과　오늘이 무슨 요일이에요?　今日は何曜日ですか。
- 124_ 제14과　지금 몇 시예요?　今何時ですか。
- 132_ 제15과　종합 연습　総合練習
- 140_ 제16과　학생 식당으로 갈까요?　学生食堂へ行きましょうか。
- 152_ 제17과　뭘 드시겠습니까?　何を召し上がりますか。
- 160_ 제18과　동대문 시장에 같이 갑시다.　東大門市場に一緒に行きましょう。
- 167_ 제19과　이 운동화 어때요?　このスニーカー、どうですか。
- 177_ 제20과　종합 연습　総合練習

- 186_ 模範解答
- 198_ 聞き取りスクリプト
- 210_ 動詞活用表／表現／語彙

本書の構成

課	タイトル	トピック	機能	文法/語彙/発音	課題活動	韓国の文化/ゲーム
0	入門編	ハングル	ハングルの学習		辞書の引き方, 絵の中の語彙探し	
1	おはようございます。／こんにちは。／こんばんは。	挨拶 自己紹介	挨拶をする, 紹介する	基本的な挨拶	初めて会う人とあいさつをする	挨拶のマナー
2	ここが学生食堂です。	学校	場所を聞いて答える	입니다, 입니까?, 네/아니요, 이/가	地図をみながら国の名前を言う	
3	これは何ですか。	教室	物の名前を聞いて答える, 説明する	이것/저것/그것, 이/그/저, 은/는〈主題〉	友達について書く	
4	家はどこにありますか。	位置	位置を聞いて答える, 家の住所を言う	에 있다, -습니다/ㅂ니다, -습니까/ㅂ니까?	家の位置, 個人の情報を聞く	
5	総合練習			ㅏ/ㅓ, 連音法則(単一終声), 国の名前, 部屋と居間の名称		
6	明日、私の家に来てください。	招待	命令する, 招待する	方向の指示語, -(으)세요〈命令〉	招待状を書く	
7	お誕生日おめでとう！	訪問	招待された後に紹介して挨拶する	이/가 아니다, -아/어요, 이에요/예요	誕生日カードを書く	誕生日のお祝いの歌
8	どんな料理が好きですか。	好きな物	好きな物を聞く	을/를, -(으)세요?〈疑問〉 무슨	好きな食べ物, 季節, 運動を聞く	
9	大学で韓国語を学びます。	紹介	丁寧に答える, 物事を比べて説明する	하고, 에서, 은/는〈対照〉 反対語の練習	招待された家で話をする	
10	総合練習			ㅏ/ㅗ, 'ㅎ'脱落, 道路と交通手段		食事のマナー

課	タイトル	トピック	機能	文法/語彙/発音	課題活動	韓国の文化／ゲーム
11	書店は何階にありますか。	数	数の数え方, 電話番号の言い方	漢字語の数字, (으)로〈方向〉, 도	クラスメートの電話番号を聞く, 寮の部屋番号を聞く	サイコロゲーム
12	おじさん、この辞書いくらですか。	値段	値段を聞いて答える, 希望することを話す	漢字語の数字〈千以上〉, -고 싶다	買いたい物, 値段を言う	
13	今日は何曜日ですか。	日時と曜日	曜日と日付を言う過去形, 日記を書く	曜日/日付, 에〈時間〉 -았/었-	カレンダーを見ながら話す	
14	今何時ですか。	時間, 一日の日課	時間の言い方, 日課を話す	固有語の数字, 数冠形詞	一日の日課を書く	
15	総合練習			ㅜ/ㅡ, 중화, 教室と文房具		
16	学生食堂へ行きましょうか。		提案する, 意見を聞く, 否定表現	-(으)ㄹ까요?, -(으)ㅂ시다 안, -지 않다	友達と食事のメニューを決める,	韓国のテーブルセッティング
17	何を召し上がりますか。	食事	食べ物を注文する, 丁寧に話す, 食べ物を紹介する, 計画を話す,	께서, -(으)십니다, -겠-	よく食べる料理の紹介	
18	東大門市場に一緒に行きましょう。	市場	買い物をする, 約束と断り, 市場の紹介	(이)랑, 'ㅡ'脱落動詞	週末の約束をする	
19	このスニーカー、どうですか。	買い物	物を買う, 描写する命令する, 意見を聞く	単位性名詞, -(으)십시오, (名詞) 어때요?	市場で物を買う	
20	総合練習			ㅡ/ㅓ, 連音法則(単一終声), 会社と職業		クロスワード

入門編

세종대왕과 한글 世宗大王とハングル

　世宗大王は朝鮮王朝(1392〜1910)の第4代国王で、韓国の歴史上最も偉大な王と崇められています。彼は大変優秀な言語学者でもあり、特に音韻論に関して大変造詣が深かったと伝えられています。

　王は、当時、漢字だけを使用していた実状を批判し、韓国語の特徴に合った表音文字である「訓民正音」を創りました。「訓民正音」は「民に教える正しい音」という意味で、のちに「偉大なる文字」という意味の「ハングル」に名称が変わり、現在に至っています。

　ハングルは、子音字14個と母音字10個からなる表音文字で、学習するにはとても便利です。ユネスコではハングルの便利性に注目し、文盲を減少させるための努力を行った個人や団体に対して、世宗大王賞を与えています。

　みなさんは韓国で、世宗大王によく会っていることでしょう。なぜかというと韓国の10,000ウォン紙幣には世宗大王の肖像画が描かれているからです。

모음 母音

　韓国語の基本母音である「・」、「ー」、「｜」はそれぞれ「太陽」「地」「人」を象徴しています。他の母音は、この3母音を組み合わせて創られています。韓国語の最も根本的な特徴が、この基本母音の組合わせで創られたというのは大変すばらしいことです。世宗大王はこの基本母音の組み合わせを通して、陰性と陽性を描写する効果を創り出しました。太陽が東から昇る様子を描写した「▸(ㅏ)」は陽性を、西に沈む様子を描写した「◂(ㅓ)」は陰性を表します。また、太陽が地平線から昇っていく様子を描写した「▴(ㅗ)」は陽性を、地平線の下に沈む様子を描写した「▾(ㅜ)」は陰性を表しています。このようにしてできた母音に一画(y音)を加え、「ㅑ、ㅕ、ㅛ、ㅠ」というヤ行の母音を創りました。

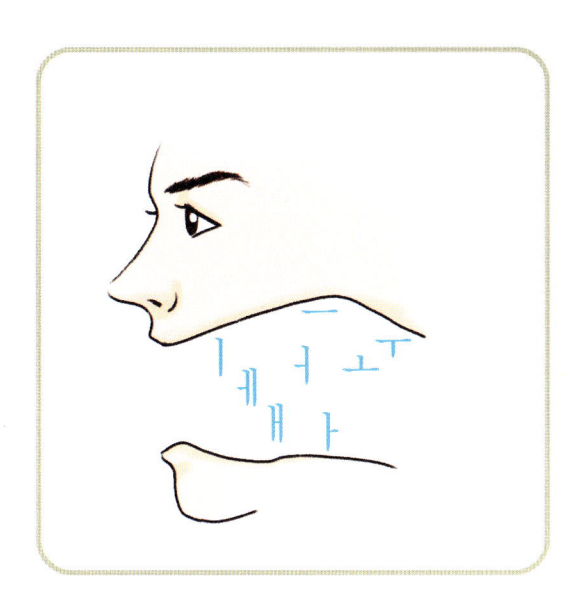

쓰기 연습 書き練習

書き順：上から下へ、左から右へ。

기본 모음 基本母音 2

母音	発音	書き順	練習			
ㅏ	a	ㅣㅏ	ㅏ	아		
ㅑ	ya	ㅣㅑ	ㅑ	야		
ㅓ	eo	ーㅓ	ㅓ	어		
ㅕ	yeo	ー =ㅕ	ㅕ	여		
ㅗ	o	ㅣㅗ	ㅗ	오		
ㅛ	yo	ㅣㅛㅛ	ㅛ	요		
ㅜ	u	ーㅜ	ㅜ	우		
ㅠ	yu	ーㅜㅠ	ㅠ	유		
ㅡ	eu	ㅡ	ㅡ	으		
ㅣ	i	ㅣ	ㅣ	이		

● 그 밖의 모음 その他の母音 ◎ 2

母音	発音	書き順		練習	
ㅐ	ae	ㅏ ㅐ	ㅐ	애	
ㅒ	yae	ㅑ ㅒ	ㅒ	얘	
ㅔ	e	ㅓ ㅔ	ㅔ	에	
ㅖ	ye	ㅕ ㅖ	ㅖ	예	
ㅘ	wa	ㅗ ㅘ	ㅘ	와	
ㅙ	wae	ㅗ ㅘ ㅙ	ㅙ	왜	
ㅚ	oe	ㅗ ㅚ	ㅚ	외	
ㅝ	wo	ㅜ ㅝ	ㅝ	워	
ㅞ	we	ㅜ ㅝ ㅞ	ㅞ	웨	
ㅟ	wi	ㅜ ㅟ	ㅟ	위	
ㅢ	ui	ㅡ ㅢ	ㅢ	의	

읽기 연습 読み練習

● CD를 듣고 읽어 보세요. CDを聞いて読んでみましょう。 ◎ 2

아이	子供	오이	きゅうり	위	上
우유	牛乳	이	歯	왜	なぜ
이유	理由	여우	きつね	와!	わぁっ！

자음 子音

韓国語の子音は、発音する時の発声器官の形から型どって作られました。下の絵を見てその形を確認しましょう。

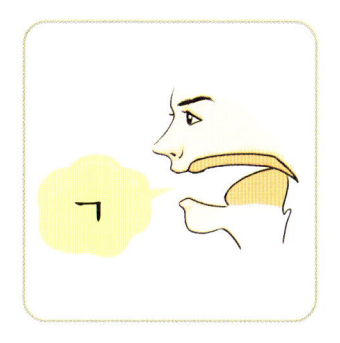

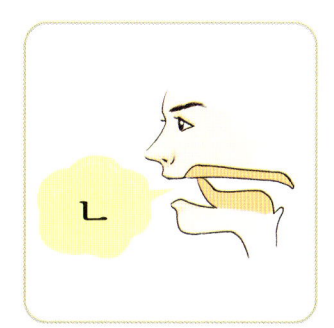

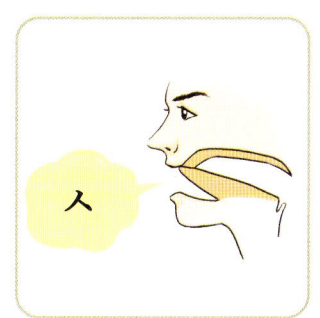

ㄱ ㄴ ㅁ

ㅅ ㅇ

● 基本子音に画を加えて新しい子音が作られました。

ㄱ	ㅋ		
ㄴ	ㄷ	ㅌ	ㄹ
ㅁ	ㅂ	ㅍ	
ㅅ	ㅈ	ㅊ	
ㅇ	ㅎ		

● 同じ子音を並べて、また別の子音が作られました。

ㄲ	ㄱ + ㄱ → ㄲ
ㄸ	ㄷ + ㄷ → ㄸ
ㅃ	ㅂ + ㅂ → ㅃ
ㅆ	ㅅ + ㅅ → ㅆ
ㅉ	ㅈ + ㅈ → ㅉ

入門編 13

쓰기 연습 書き練習

子音	発音	名称	書き順	練習
ㄱ	g, k	キヨㇰ	ㄱ	ㄱ
ㄴ	n	ニウン	ㄴ	ㄴ
ㄷ	d, t	ティグッ	ㅡ ㄷ	ㄷ
ㄹ	r, l	リウル	ㄱ ㄲ ㄹ	ㄹ
ㅁ	m	ミウム	ㅣ ㄇ ㅁ	ㅁ
ㅂ	b, p	ビウプ	ㅣ ㅂ ㅂ ㅂ	ㅂ
ㅅ	s	シオッ	ノ ㅅ	ㅅ
ㅇ	ng	イウン	ㅇ	ㅇ
ㅈ	j	ジウッ	ㄱ ㅈ	ㅈ
ㅊ	ch	チウッ	ˉ ㅈ ㅊ	ㅊ
ㅋ	k	キウㇰ	ㄱ ㅋ	ㅋ
ㅌ	t	ティウッ	ㅡ ㄷ ㅌ	ㅌ
ㅍ	p	ピウプ	ㅡ ㅜ ㅍ ㅍ	ㅍ
ㅎ	h	ヒウッ	ˉ ㅡ ㅎ	ㅎ
ㄲ	kk	サンギヨㇰ	ㄱ ㄲ	ㄲ
ㄸ	tt	サンティグッ	ㄷ ㄸ	ㄸ
ㅃ	pp	サンビウプ	ㅂ ㅃ	ㅃ
ㅆ	ss	サンシオッ	ㅅ ㅆ	ㅆ
ㅉ	jj	サンジウッ	ㅈ ㅉ	ㅉ

● 자음과 모음을 결합해서 글자를 써 봅시다. 子音と母音を組み合わせて文字を書いてみましょう。 3

	ㅏ	ㅓ	ㅗ	ㅜ	ㅡ	ㅣ	ㅐ	ㅔ	ㅚ	ㅟ
ㄱ	가									
ㄴ										
ㄷ										
ㄹ										
ㅁ										
ㅂ										
ㅅ										뒤
ㅇ										
ㅈ							새		죄	
ㅊ										
ㅋ			코							
ㅌ										
ㅍ				피						
ㅎ										
ㄲ										
ㄸ										
ㅃ										
ㅆ				쑤						
ㅉ	짜									

읽기 연습 読み練習

● CD를 듣고 읽어 보세요. CDを聞いて読んでみましょう。 3

아버지	父	어머니	母	야구	野球	여자	女の人
우표	切手	의자	いす	구두	靴	과자	菓子
교회	教会	귀	耳	기차	汽車	나무	木
다리	脚	머리	頭	모자	帽子	바다	海
바지	ズボン	배	梨	비	雨	비누	石鹸
사과	りんご	소	牛	시계	時計	아내	妻
지도	地図	차	車	치마	スカート	카메라	カメラ
코	鼻	포도	ぶどう	해	太陽	혀	舌

받침 パッチム

音節末の子音を「パッチム」といいます。すべての子音はパッチムになることができますが、その発音は7つの音[ㄱ, ㄴ, ㄷ, ㄹ, ㅁ, ㅂ, ㅇ]に絞って発音されます。パッチムは音節の下部に書きます。

パッチム	発音	例
ㄱ, ㄲ, ㅋ	-k	각, 밖, 부엌
ㄴ	-n	안
ㄷ, ㅅ, ㅆ, ㅈ, ㅊ, ㅌ, ㅎ	-t	곧, 옷, 갔지요, 낮, 꽃, 밭, 히읗
ㄹ	-l	달
ㅁ	-m	몸
ㅂ, ㅍ	-p	밥, 숲
ㅇ	-ng	강

● 글자 만들기 文字の組み立て

1) 자음 + 모음　　가　부
　 子音＋母音

2) 자음 + 모음 + 자음　　방　흙
　 子音＋母音＋子音

🍃 쓰기 연습 書き練習 💿 4

パッチム	名前	練習	パッチム	名前	練習
ㄱ	기역	기역	ㅇ	이응	이응
ㄴ	니은	니은	ㅈ	지읒	지읒
ㄷ	디귿	디귿	ㅊ	치읓	치읓
ㄹ	리을	리을	ㅋ	키읔	키읔
ㅁ	미음	미음	ㅌ	티읕	티읕
ㅂ	비읍	비읍	ㅍ	피읖	피읖
ㅅ	시옷	시옷	ㅎ	히읗	히읗

읽기 연습 読み練習

● CD를 듣고 읽어 보세요. CDを聞いて読んでみましょう。 4

가방	かばん	가족	家族	고양이	猫	공책	ノート
공항	空港	교실	教室	극장	映画館/劇場	김치	キムチ
꽃	花	남자	男	남편	夫	냉장고	冷蔵庫
눈	目	달	月	대사관	大使館	대학교	大学
도서관	図書館	돈	金	딸	娘	라면	ラーメン
맥주	ビール	목	首	몸	体	문	ドア
물	水	바람	風	발	足	방	部屋
백화점	デパート	병원	病院	불	火	비행기	飛行機
빵	パン	사람	人	사전	辞書	사진	写真
산	山	서울	ソウル	소풍	遠足/ピクニック	손	手
손수건	ハンカチ	수건	タオル	수박	すいか	시장	市場
시청	市役所	식당	食堂	신문	新聞	신발	靴
안경	眼鏡	약국	薬局	양말	靴下	얼굴	顔
연필	鉛筆	영화	映画	외국인	外国人	왼쪽	左
우산	雨傘	우체국	郵便局	운동화	スニーカー	은행	銀行
이름	名前	입	口	잎	葉	자동차	自動車
장소	場所	전화	電話	젓가락	箸	창문	窓
책	本	책상	机	칠판	黒板	태권도	テコンドー
태극기	太極旗	턱	あご	편지	手紙	하늘	空
학교	学校	한강	漢江	한국	韓国	한국어	韓国語
한글	ハングル	할머니	おばあさん	할아버지	おじいさん	화장실	トイレ

사전 찾기 순서 辞書の引き方

韓国語の辞書を使って、以下の手順で単語を調べましょう。

韓国語の音節は「初声(子音)+中声(母音)+終声(子音)」の構造をしています。引き順は、初声、中声、終声の順で引いていきます。子音と母音の順序は下記の通りです。

子音	ㄱ ㄲ ㄴ ㄷ ㄸ ㄹ ㅁ ㅂ ㅃ ㅅ ㅆ ㅇ ㅈ ㅉ ㅊ ㅋ ㅌ ㅍ ㅎ
母音	ㅏ ㅐ ㅑ ㅒ ㅓ ㅔ ㅕ ㅖ ㅗ ㅘ ㅙ ㅚ ㅛ ㅜ ㅝ ㅞ ㅟ ㅠ ㅡ ㅢ ㅣ

辞書の最初に載っているのは「ㄱ」で始まる単語です。たとえば、「가」で始まる単語は「기」で始まる単語の前に来ます。「각」で始まる単語は「간」で始まる単語の前に、「같」で始まる単語は「개」で始まる単語の前に来ます。

● **다음 어휘를 사전 찾기 순서로 쓰세요.** 次の単語を辞書に出る順番に並べましょう。

❶ 공항　　머리　　한국어　　할아버지　　손수건

❷ 아내　　극장　　기차　　지도　　태권도

❸ 선생님　　딸　　대학교　　카메라　　사진

❹ 백화점　　우체국　　바다　　발　　창문

❺ 신문　　남자　　수박　　전화　　눈

외래어 外来語 ◎ 5

넥타이	ネクタイ	노트	ノート	메뉴	メニュー	메모	メモ
바나나	バナナ	버스	バス	볼펜	ボールペン	샌드위치	サンドウィッチ
소파	ソファー	쇼핑	ショッピング	아이스크림	アイスクリーム	에어컨	エアコン
엘리베이터	エレベーター	주스	ジュース	카드	カード	카메라	カメラ
커피	コーヒー	컴퓨터	コンピューター	컵	カップ	콜라	コーラ
택시	タクシー	텔레비전	テレビ	트럭	トラック	파티	パーティー
포크	フォーク	필름	フィルム	호텔	ホテル		

교실에서 사용하는 말 教室で使う言葉 ◎ 6

책을 펴세요.	本を開いてください。
잘 들으세요.	よく聞いてください。
따라하세요.	後に続けてください。
이야기해 보세요.	話してください。
읽어 보세요.	読んでください。
써 보세요.	書いてください。
잘 했습니다.	よくできました。
알겠습니까?	わかりましたか。
알겠습니다.	わかりました。
모르겠습니다.	わかりません。
질문 있습니까?	質問はありますか。
질문 있습니다.	質問があります。

그림 속 어휘 찾기 写真・絵で見る単語

● 장소 場所

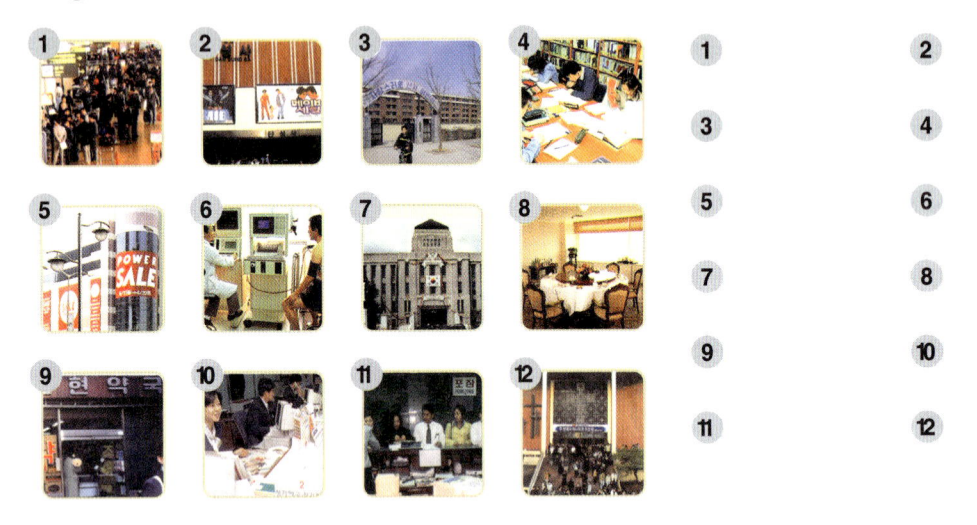

1	2
3	4
5	6
7	8
9	10
11	12

백화점　식당　시청　교회　은행　약국　공항　우체국　극장　병원　도서관　학교

● 몸 身体

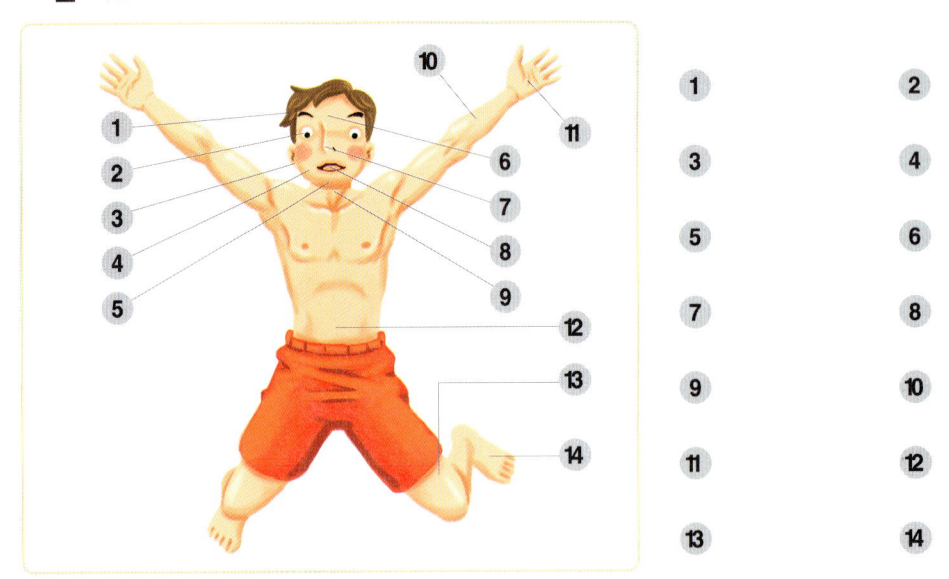

1	2
3	4
5	6
7	8
9	10
11	12
13	14

귀　목　눈　머리　코　손　입　팔　얼굴　배　이마　다리　턱　발

● 교실 敎室

1	2
3	4
5	6
7	8
9	10
11	12

선생님   연필   학생   지우개   칠판   창문   책상   가방   의자   책   시계   공책

● 한국 韓國

1	2
3	4
5	6
7	8
9	

한복   한강   불고기   서울   태권도   인삼   김치   태극기   한글

● 가족 家族

1
2
3
4
5
6
7
8
9
10
11
12
13
14
15
16

외할아버지 외할머니 할아버지 할머니 아버지 어머니 남편
아내 형 오빠 누나 언니 남동생 여동생 아들 딸

● **소풍** ピクニック

1	2	3	4
5	6	7	8
9	10	11	12
13	14	15	16
17	18	19	20
21	22	23	24
25	26		

소　꽃　산　우산　고양이　양말　하늘　카메라　컵　바지　신문　나무　과자
빵　자동차　잎　손수건　맥주　비행기　새　치마　수박　기차　해　사과　젓가락

登場人物

森岡健
日本の大阪から来た男子学生。
韓国語の初級クラスで勉強していて、イテウォンに住んでいる。韓国の伝統文化に興味を持っている。

田中直子
日本の東京から来た女子学生。
健と同じクラスで韓国語を勉強していて、学校の近くの下宿に住んでいる。今後大学院で日韓国際関係を専攻する予定。

イ・ジョンウン
健が文通している友達。
慶熙(キョンヒ)大学国語国文学科に通っていて、外国人の韓国語学習に関心がある。友達とチャットするのが好き。

パク・ソンホ
健のチューター。健の韓国生活・韓国語の勉強を手助けしている。

王英
中国から来た女子学生。直子と仲良しで、熱心に勉強している。

モハメド・ナディム
パキスタンから来た男子学生。健の一番親しい友達。

キム・ジヌ
韓国語の先生。学生たちが大好きな、やさしい先生。

제 1 과 | 안녕하세요?
おはようございます／こんにちは／こんばんは。

학습목표

+ 기능
  - 인사하기
  - 소개하기
+ 어휘
  - 기본적인 인사말
+ 문화
  - 인사예절

잘 들어 보세요. よく聞きましょう。　 7

❶　❷

❸　❹

선생님과 인사하세요. 先生に挨拶しましょう。

"안녕하세요? 저는 ＿＿＿＿＿＿＿＿입니다."

이야기해 보세요. 話してみましょう。

① 안녕하세요?

안녕하세요? 저는 박성호입니다. こんにちは。私はパクソンホです。

이름이 뭐예요? お名前は？

안녕하세요? 제 이름은 모리오카 켄입니다. こんにちは。私の名前は森岡健です。

어디에서 왔어요? どこから来ましたか。

일본에서 왔어요. 日本から来ました。

만나서 반갑습니다. お会い出来てうれしいです。

네, 반갑습니다. ええ、私もです。

다음 대화를 잘 듣고 대답하세요. 次の会話をよく聞いて答えましょう。 8

① 이름이 뭐예요?
② 어디에서 왔어요?

옆 사람과 인사하세요. 隣の人に挨拶しましょう。

다른 사람과 직접 이야기해 보세요. クラスメートと話してみましょう。

이름	얼굴	교실	나라	여자 / 남자
모하메드		307	파키스탄	남자

- 만난 사람을 소개해 보세요. 話をしたクラスメートを紹介しましょう。

"모하메드 씨는 남자입니다. 파키스탄에서 왔습니다."

② 고맙습니다. / 감사합니다.

고맙습니다. ありがとうございます。

감사합니다. ありがとうございます。

③ 미안합니다. / 죄송합니다.

미안합니다. すみません。

죄송합니다. すみません。

❹ 안녕히 가세요. / 안녕히 계세요.

안녕히 가세요. さようなら。
안녕히 계세요. さようなら。

❺ 안녕! / 안녕!

안녕! じゃあね！
안녕! じゃあね！

인사 예절 挨拶のマナー

韓国には多様な挨拶の作法があります。目上の人には敬語を使わなくてはならず、また、丁寧に挨拶をしなければなりません。挨拶をするときは、頭を下げてお辞儀をしなければなりません。目上の人には"안녕하세요?/ 안녕하십니까?"と言いますが、友達同士では"안녕?/ 잘 있었니?"と言うことが出来ます。目上の人の家を訪問するときは丁寧にクンジョル（最敬礼のお辞儀）をすることもあります。

다음 글을 읽고 질문에 답하세요. 次の文を読んで質問に答えましょう。

경희대학교 KyungHee University
학생증
학과:국제교육원 한국어 교육부
이름:모리오카 켄 235116-235

안녕하세요?
제 이름은 모리오카 켄입니다.
일본 오사카에서 왔어요.
지금 이태원에 살아요.
만나서 반갑습니다.

① 이름이 뭐예요? ② 어디에서 왔어요? ③ 지금 어디에 살아요?

여러분의 소개를 하세요. 自己紹介をしてみましょう。

경희대학교 KyungHee University
학생증
학과:국제교육원 한국어 교육부
이름:

새로운 단어 新しい単語

제 ● 저 ● 어디 ● 나라 ● 일본 ● 파키스탄 ● 오사카 ● 이태원 ●
교실 ● 이름 ● 얼굴 ● 남자 ● 여자 ● 학생증 ● 씨 ● 지금 ● 네 ●
안녕하세요? ● 만나서 반갑습니다. ● 안녕히 가세요. ● 안녕히 계세요. ●

안녕! ● 고맙습니다. ● 감사합니다. ● 죄송합니다. ● 미안합니다. ●
이름이 뭐예요? ● 어디에서 왔어요? ● 어디에 살아요?

제 2 과 | 여기가 학생 식당입니다.
ここが学生食堂です。

학습목표

✤ 기능
- 장소 묻고 답하기

✤ 문법
- 입니다, 입니까?, 네/아니요, 이/가

✤ 어휘
- 장소 관련 어휘

잘 들어 보세요. よく聞きましょう。　9

①

② 여기가 _____

③

④

⑤

⑥ 저기가 _____

30

※ 어디입니까? どこですか。

1. _____
2. _____
3. _____
4. _____
5. _____
6. _____

새로운 단어 新しい単語

여기 ● 저기 ● 학교 ● 교실 ● 도서관 ● 학생 식당 ● 운동장 ● 우체국

제2과 여기가 학생 식당입니다.

이야기해 보세요. 話してみましょう。

❶ [名詞]입니다. 指定詞の叙述形

> "～입니다"は「～です」にあたる指定詞で、基本型は"～이다"(～だ)です。"～입니다"も"～이다"も名詞の後に付き、主語が何であるかを示すときに使います。
>
> 例文　❶ 켄 씨입니다. 健さんです。
> 　　　❷ 여기는 교실입니다. ここは教室です。

도서관**입니다.** 図書館です。

성호 씨**입니다.** ソンホさんです。

❷ 네. / 아니요.

네. はい。

아니요. いいえ。

❸ [名詞]입니까? / 네, [名詞]입니다. 指定詞の疑問形

"~입니까"(~ですか)は、指定詞"~입니다"(~です)の疑問形です。

例文　❶ 성호 씨입니까? ソンホさんですか。
　　　❷ 저기가 도서관입니까? あそこは図書館ですか。

선생님**입니까**? 先生ですか。

- 네, 선생님**입니다.** はい、先生です。

학생**입니까**? 学生ですか。

- 네, 학생**입니다.** はい、学生です。

옆 사람과 이야기하세요. 隣の人と話してみしましょう。

例文
A 정은 씨**입니까**?
B 네, 정은 씨**입니다**.

① ② ③

④ ⑤

❹ [名詞]이 / 가 主格助詞

名詞の後に付いて文の主語であることを表す格助詞で、「〜が」にあたります。子音で終わる名詞には"〜이"、母音で終わる名詞には"〜가"を付けます。つまり、「〜が」にあたる助詞には"〜이"と"〜가"の2つがあるのです。韓国語には、同じ助詞なのに異なる2つの形を持つものがいくつかあります。

人称代名詞"나(ぼく/わたし)・너(おまえ/きみ)・저(わたくし)"と疑問詞"누구"(だれ)の後に"〜가"が来ると、それぞれ"내가・네가・제가・누가(だれが)"と形が変化をするので気を付けましょう。

なお、この"〜이/가"は、「〜が」より「〜は」と訳した方が日本語としてはすっきりすることもあります。

例文
① 저기가 학생식당입니다. あそこが学生食堂です。
② 이름이 무엇입니까? 名前は何ですか。
③ A : 누가 나오코 씨입니까? 誰が直子さんですか。
　　B : 제가 나오코입니다. わたくしが直子です。

여기**가** 학생 식당입니다

[名詞]**이**

제 이름**이** 켄입니다.
학생 식당**이** 여기입니다.

[名詞]**가**

제**가** 일본에서 왔어요.
저기**가** 도서관입니다.

다음 _____에 알맞은 말을 넣으세요. 次の_____に適当な言葉を入れましょう。

1. 선생님_____ 누구입니까?
2. 운동장_____ 어디입니까?
3. 이름_____ 뭐예요?
4. 저기_____ 우체국입니다.
5. 여기_____ 은행입니다.
6. 학생 식당_____ 어디입니까?

지도를 보고 어디인지 옆 사람과 이야기해 보세요. 地図を見ながら隣の人と話してみましょう。

"여기가 어디입니까?"
"한국입니다."

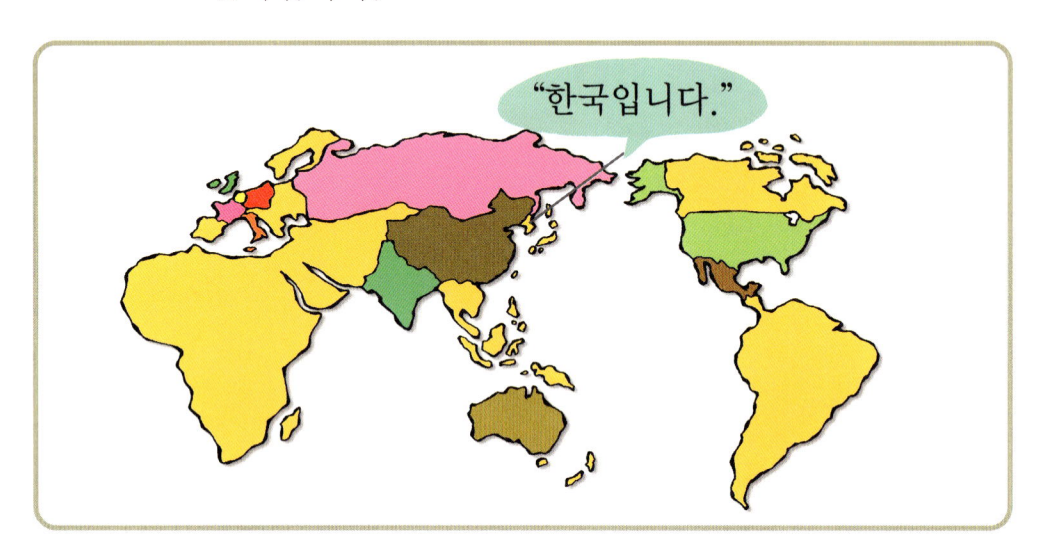

"한국입니다."

여기가 어디입니까? 그림 아래에 쓰세요. ここはどこですか。絵の下に書いてみましょう。

例文  여기가 학생 식당입니다.

①  ②  ③

④  ⑤

다음 각 문장을 읽고 맞는 그림을 찾으세요. 次の各文に合う写真を選びましょう。

① 여기가 식당입니다. ( ) ② 저기가 빵집입니다. ( )
③ 여기가 은행입니다. ( ) ④ 저기가 학교입니다. ( )
⑤ 저기가 약국입니다. ( ) ⑥ 여기가 백화점입니다. ( )

여기가 _____

저기가 _____

새로운 단어 新しい単語

누구 • 사람 • 선생님 • 학생 • 한국 • 식당 • 은행 • 백화점 • 빵집 • 약국 • 아니요

제 2과 여기가 학생 식당입니다. 37

제 3 과 | 이것이 무엇입니까?
これは何ですか。

학습목표

✤ 기능
- 사물 이름 묻고 답하기
- 설명하기

✤ 문법
- 이것/저것/그것, 이/그/저, 은/는(주제)

🎧 잘 들어 보세요. よく聞きましょう。 ◎ 10

① 칠판　② 책상　③ 의자　④ 창문　⑤ 시계
⑥ 가방　⑦ 책　⑧ 공책　⑨ 연필　⑩ 지우개

① 여기는 어디입니까?
② 이것이 무엇입니까?

이야기해 보세요. 話してみましょう。

❶ 이것 / 그것 / 저것 指示代名詞

> "이것"は「これ」、"그것"は「それ」、"저것"は「あれ」にあたります。
>
> 이것：話し手から近いものを指すときに使います。
>
> 그것：聞き手から近いものを指すとき、またすでに会話中に登場して話し手も聞き手も知っている
> ものを指すときに使います。
>
> 저것：話し手からも聞き手からも近くないものを指すときに使います。
>
> 例文　❶ 이것이 시계입니다. これは時計です。
> 　　　❷ A：그것이 공책입니까? それはノートですか。
> 　　　　 B：네, 공책입니다. はい、ノートです。
> 　　　❸ 저것이 의자입니다. あれはいすです。

이것이 무엇입니까? これは何ですか。

– 책상입니다. 机です。

그것이 무엇입니까? それは何ですか。

– 한국어 책입니다. 韓国語の本です。

저것이 무엇입니까? あれは何ですか。

- **시계입니다.** 時計です。

옆 사람과 이야기해 보세요. 隣の人と話してみましょう。

例文 
이것이 무엇입니까?
- 가방입니다.

❶

❷

❷ 이 / 그 / 저 冠形詞

"이/그/저"は名詞の前に付いて、その名詞を修飾する冠形詞というもので、「この〜」「その〜」「あの〜」にあたります。

이：話し手から近いものを指すときに使います。

그：聞き手から近いものを指すとき、また、すでに会話中に登場して話し手も聞き手も知っているものを指すときに使います。

저：話し手からも聞き手からも近くないものを指すときに使います。

例文　❶ 이 사람이 누구입니까? この人はだれですか。
　　　❷ 그 사람이 켄 씨입니다. その人は健さんです。
　　　❸ 저 사람이 남자 친구입니다. あの人は彼氏です。

이 사람이 누구입니까? この人は誰ですか。

- 정은 씨입니다. ジョンウンさんです。

그 사람이 누구입니까? その人は誰ですか。

- 제 남자 친구입니다. 私の彼氏です。

저 사람이 누구입니까? あの人は誰ですか。

- 성호 씨입니다. ソンホさんです。

❸ [名詞]은/는 補助詞

名詞の後に付いて、名詞がその文の主題(もしくは話題)であることを表す助詞で、「〜は」にあたります。話し手が何かを取り立てていうときや、話し手と聞き手の間で特定の話題についていう場合、この助詞を使います。子音で終わる名詞の後には"〜은"を、母音で終わる名詞の後には"〜는"を付けます。

例文
1. 이 사람은 학생입니다. この人は学生です。
2. 여기는 어디입니까? ここはどこですか。
3. 저는 일본에서 왔습니다. 私は日本から来ました。
4. A：저 사람은 성호 씨입니까? あの人はソンホさんですか。
   B：아니오, 저 사람은 모하메드 씨입니다. いいえ、あの人はモハメドさんです。

누구 사진입니까? 誰の写真ですか。

− 이 사진은 제 어머니 사진입니다.
この写真は私の母の写真です。

제 어머니는 선생님입니다. 私の母は先生です。

[名詞]은

제 이름은 켄입니다.
학생 식당은 여기입니다.

[名詞]는

저는 일본에서 왔어요.
저기는 도서관입니다.

다음 _____에 알맞은 말을 넣으세요. 次の_____に適当な言葉を入れましょう。

이 사람____ 정은 씨입니다.
정은 씨____ 내 친구입니다.
이 친구____ 대학생입니다.

잘 듣고 맞는 그림을 찾으세요. よく聞いて内容に合う絵を選びましょう。

例文 (가)

① (　　)

② (　　)

③ (　　)

제 3과 이것이 무엇입니까?

다음 글을 읽고 질문에 답하세요. 次の文を読んで質問に答えましょう。

1

이 사람은 모하메드 씨입니다.
모하메드 씨는 파키스탄 사람입니다.
모하메드 씨는 내 친구입니다.

① 이 사람은 누구입니까?
② 이 사람은 어느 나라 사람입니까?

2

여기는 교실입니다.
이 선생님은 김진우 선생님입니다.
김진우 선생님은 한국어 선생님입니다.

① 여기가 어디입니까?
② 이 사람은 누구입니까?

써 보세요. 書いてみましょう。

❶ 이 사람은 누구입니까? 이 사람 이야기를 쓰세요.
この人は誰ですか。どんな人か書いてみましょう。

❷ 우리 반 친구 이름을 쓰세요. 그 사람 이야기를 쓰세요.
クラスメートの名前を書いて、その人について説明してみましょう。

새로운 단어 新しい単語

내 ● 어느 ● 무엇 ● 꽃 ● 사진 ● 친구 ● 대학생 ● 어머니 ● 한국어 ● 중국 ● 잘

이게 한국말로 뭐예요? ● 잘 모르겠어요.

제 3과 이것이 무엇입니까?

제 4 과 | 집이 어디에 있습니까?
家はどこにありますか。

잘 들어 보세요. よく聞きましょう。　12

학습목표

+ 과제
  - 위치 묻고 답하기
  - 집 주소 말하기

+ 문법
  - 에 있다, -습니다/-ㅂ니다, -습니까?/-ㅂ니까?

이태원

① 켄 씨 집은 어디입니까?
② 나오코 씨 집은 어디입니까?

이야기해 보세요. 話してみましょう。

❶ [動詞]습니다/ㅂ니다 叙述形 終結語尾

「〜です/ます」にあたる、格式体(「ハムニダ体」ともいう、やや固いニュアンスを持つ表現)の叙述形終結語尾です。この表現は現在進行の意味にもなります。語幹が子音で終わる動詞には"〜습니다"を、語幹が母音で終わる動詞には"〜ㅂ니다"を使います。

例文　❶ 한국 친구가 많습니다. 韓国の友達が多いです。
　　　❷ 학생이 질문합니다. 学生が質問します。

[動詞]습니다

例文 　읽다 読む → 읽습니다 読みます

❶ 많다 → ＿＿＿＿＿　　❷ 적다 → ＿＿＿＿＿

❸ 없다 → ＿＿＿＿＿　　❹ 있다 → ＿＿＿＿＿

[動詞]ㅂ니다

例文　가다 行く → 갑니다 行きます

① 오다　→ _____

② 가르치다 → _____

③ 질문하다 → _____

④ 자다　→ _____

❷ [動詞]습니까/ㅂ니까? 疑問形 終結語尾

「〜ですか/ますか」にあたる、上記1の「動詞+"습니다/ㅂ니다"」の疑問形です。語幹が子音で終わる動詞には"〜습니까"を、語幹が母音で終わる動詞には"〜ㅂ니까"を使います。

例文　① 돈이 있습니까? お金がありますか。
　　　② 그 친구가 옵니까? その友達が来ますか。

책상이 **작습니까**? 机が小さいですか。

- 네, **작습니다**. はい、小さいです。

책상이 **큽니까**? 机が大きいですか。

- 네, **큽니다**. はい、大きいです。

다음 _____에 알맞은 말을 넣으세요. 次の_____に適当な言葉を入れましょう。

① 가 : 모하메드 씨가 _____?

　나 : 네, 모하메드 씨가 옵니다.

② 가 : _____?

　나 : 네, 책상이 많습니다.

③ 가 : 의자가 _____?

　나 : 아니요, 의자가 작습니다.

❸ [名詞]에 格助詞

「〜に/へ」にあたる助詞で、"**있다**(ある・いる)・**없다**(ない・いない)・**계시다**(いらっしゃる)・**살다**(住む)"などの状態動詞の前に付いて、その状態動詞の具体的な場所を示します。

例文
① 저는 회기동에 살고 있습니다. 私は回基洞に住んでいます。
② 선생님은 교실에 계십니다. 先生は教室にいらっしゃいます。
③ 집에 텔레비전이 없습니다. 家にテレビがありません。
④ 동생은 고향에 있습니다. 弟(妹)は故郷にいます。

부모님은 일본에 계십니다. 両親は日本にいます。
(韓国語では自分の両親に対しても、上記文のように「ご両親は日本にいらっしゃいます。」と絶対敬語を使うのが正しい敬語とされる。)

친구들에게 물어 보세요. みんなに聞いてみましょう。

① : 나오코 씨, **집**이 어디에 있습니까?
  : 학교 근처에 있습니다.

② : 나오코 씨는 **한국 친구**가 많습니까?
  : 네, 많습니다.

③ : **부모님**은 어디에 계십니까?
  : 일본에 계십니다.

이름	① 집	② 한국 친구	③ 부모님	④ ( )
	학교 근처	많습니다	일본	

잘 듣고 그림과 같으면 ○, 틀리면 ×를 하세요.
よく聞いて絵と合っていたら○、違っていたら×を書きましょう。 13

例文 켄 씨가 교실에 있습니다.   (○)

① _____   (   )

② _____   (   )

③ _____   (   )

다음 글을 읽고 질문에 답하세요. 次の文を読んで質問に答えましょう。

1

켄 씨 도우미는 박성호 씨입니다.
성호 씨는 지금 대학생입니다.
성호 씨 고향은 제주도입니다.
성호 씨는 지금 하숙집에 삽니다.
하숙집이 대학교 근처에 있습니다.

① 박성호 씨는 학생입니까?
② 박성호 씨는 어디에 살아요?

2

이름 : 박 성 호
주소 : 서울시 동대문구 **회기동** 235-1

이름 : 최 혜 영
주소 : 서울시 종로구 **혜화동** 356-24 아남 아파트 316동 907호

① 박성호 씨 집은 어디에 있습니까?
② 최혜영 씨 집은 어디에 있습니까?

써 보세요. 書いてみましょう。

❶ 방에 무엇이 있습니까? 그림을 보고 쓰세요. 部屋に何がありますか。絵を見て書いてみましょう。

❷ 여러분 방에 무엇이 있습니까? 그림을 그리고 쓰세요.
みなさんの部屋には何がありますか。絵と文で書いてみましょう。

새로운 단어 新しい単語

방 ● 집 ● 하숙집 ● 고향 ● 대학교 ● 제주도 ● 회기동 ● 혜화동 ● 근처 ●
부모님 ● 도우미 ● 계시다 ● 살다 ● 작다 ● 크다

제 5과 | 종합연습
総合練習

문법 文法
이/가　은/는　에
입니다　입니까?　-습니다/ㅂ니다　-습니까/ㅂ니까?

발음 発音
ㅏ / ㅓ　　연음법칙1 連音法則1

발음 発音

❶ ㅏ / ㅓ

● 읽어 보세요. 読んでみましょう。

| ㅏ | 아가 赤ちゃん | 가방 かばん | 나라 国 | 산 山 |
| ㅓ | 어머니 お母さん | 거울 鏡 | 너 君／お前 | 선생님 先生 |

● 잘 듣고 맞는 발음을 찾아서 연결하세요. よく聞いて発音が合っているものをつなぎましょう。　14

가……거

담　박　캇　찬　팜　턱
　벅
덤　얼　먼　러　컷　탁
상　알　만　　　허　펌
성　년　난　접　잡　하　천

❷ 연음법칙1　連音法則1 (単一終声)

> 終声(パッチム)のある音節の後に母音で始まる音節が来ると、その終声は後続音節の初声(頭音)に移して発音します。例えば、"들어보세요"は[드러보세요]と、"꽃이"は[꼬치]と発音します。
>
> **例文**　거울이[거우리] 鏡が　선생님은[선생니믄] 先生は　집에[지베] 家に

● 읽어 보세요. 読んでみましょう。

잘 들어 보세요.　　　　　　　늦어서 죄송합니다.
선생님이 교실에 계십니다.　　꽃이 예쁩니다.

● 잘 듣고 ＿＿에 쓰세요. よく聞いて＿＿に書きましょう。 🎧 15

① ＿＿＿＿＿＿＿ 무엇입니까?

② 저는 ＿＿＿＿＿＿＿＿＿ 살아요.

③ ＿＿＿＿＿＿＿＿＿ 어디에 있습니까?

듣기 聴き取り

① 다음 대화를 듣고 맞는 그림을 찾으세요. 次の会話を聞いて内容に合う絵を選びましょう。 16

例文 (가)   ① ( )

② ( )   ③ ( )

② 잘 듣고 ____에 쓰세요. よく聞いて___に書きましょう。 17

: _____ ?   제 이름은 왕영입니다.

: 저는 나오코입니다.   _____.

: 나오코 씨는 _____?

: 일본 도쿄에서 왔습니다. 왕영 씨는요?

: 저는 중국 베이징에서 _____.   나오코 씨는 지금 _____?

: _____ 살아요.

문법 文法

다음 대화를 읽고 ____에 맞는 말을 쓰세요. 次の会話を聞いて、____に合う言葉を書きましょう。

명사	이 / 가 은 / 는 에

명사	입니다. 입니까?
동사	습니다 / ㅂ니다. 습니까 / ㅂ니까?

: 안녕하세요? 제 이름_____ 켄_____.

저_____ 학생_____.

: 안녕하세요? 저_____ 모하메드_____.

켄 씨 집_____ 어디에 _____?

: 제 집_____ 이태원_____ 있습니다.

: 켄 씨 부모님_____ 한국에 _____?

: 아니요, 일본에 _____.

모하메드 씨 집_____ 어디_____?

: 저_____ 기숙사_____ 살아요.

제 5과 종합연습 57

말하기 会話

❶ 다음 빈칸을 채우고 이야기해 보세요. 次の空欄を埋めて、この人達について話してみましょう。

	이름	나라	여자 / 남자	선생님 / 학생	집

❷ 우리반 친구 이름을 쓰고 빈칸을 채우세요. 그리고 이야기하세요.
クラスメートの名前を書いて空欄を埋め、その人達について話してみましょう。

이름	나라	여자 / 남자	집	( )

나라 이름 国の名前

● 여러분이 알고 있는 나라 이름과 비교해 보세요.
みなさんが知っている国の名前と比べてみましょう。

중국　中国　　　　　　인도　インド
독일　ドイツ　　　　　일본　日本
러시아　ロシア　　　　대만　台湾
미국　アメリカ　　　　태국　タイ
베트남　ベトナム　　　프랑스　フランス
영국　イギリス　　　　호주　オーストラリア

새로운 단어 新しい単語

질문 ● 우산 ● 기숙사 ● 도쿄 ● 베이징

실례합니다

내 방과 거실 　私の部屋と居間(リビングルーム)

창문 窓	커튼 カーテン	책꽂이 本だな
스탠드 スタンド	베개 枕	이불 布団
시트 シーツ	침대 ベッド	천장 天井

텔레비전 テレビ	화분 植木鉢	소파 ソファー
에어컨 エアコン	청소기 掃除機	벽시계 壁時計
재떨이 灰皿	액자 額	카펫 カーペット
탁자 テーブル	비디오 ビデオ	

제 6과 | 내일 우리 집에 오세요.
明日、私の家に来てください。

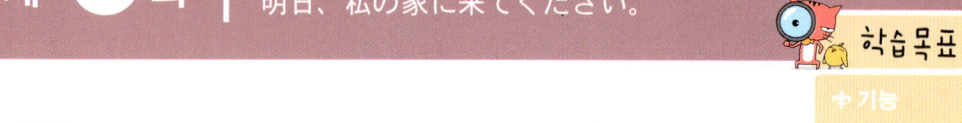

학습목표

♣ 기능
□ 명령하기
□ 초대하기

♣ 문법
□ 방향지시어, -(으)세요(명령)

♣ 어휘
□ 기본적인 인사말, 교실 용어

잘 들어 보세요. よく聞きましょう。 18

① 내일은 누구 생일입니까?

② 정은 씨 집은 어디입니까?

이야기해 보세요. 話してみましょう。

❶ 앞/뒤, 위/아래, 옆(오른쪽/왼쪽)

① 앞　　③ 위　　⑤ 왼쪽

② 뒤　　④ 아래　　⑥ 오른쪽

① 고양이가 의자 앞에 있습니다.

② _____

③ _____

④ 고양이가 의자 아래에 있습니다.

⑤ 고양이가 의자 왼쪽에 있습니다.

⑥ _____

제6과 내일 우리 집에 오세요. 63

다음 그림을 보고 이야기를 완성하세요. 次の絵を見て文を完成させましょう。

여기가 제 방입니다. 제 방에는 책상, 책꽂이, 옷장, 침대가 있습니다. 책상 ____에는 컴퓨터가 있습니다. 창문 ____에 시계가 있습니다. ____에는 가족 사진이 있습니다. ____에는 꽃이 있습니다. 제 방은 아주 깨끗합니다.

❷ [動作動詞](으)세요 命令形 終結語尾

「〜しなさい/してください」にあたる命令形の終結語尾です。語幹が子音で終わる動詞には"〜으세요"を、語幹が母音で終わる動詞には"〜세요"を使います。

例文
① 여기에 앉으세요. ここに座ってください。
② 안녕히 가세요. さようなら。(直訳「気を付けて行ってください。」から)
③ 맛있게 드세요.(○) どうぞ召し上がってください。
   맛있게 먹으세요.(×) (直訳「おいしく召し上がってください。」から)
④ 안녕히 주무세요.(○) お休みなさい。
   안녕히 자세요.(×) (直訳「ぐっすりお休みになってください。」から)

[動作動詞] 으세요

例文  읽다 読む → 읽으세요 読んでください。

①  앉다 → _____   ②  찾다 → _____

③  씻다 → _____   ④  먹다 → *드세요

[動作動詞] 세요

例文  가다 行く → 가세요 行ってください。

①  보다 → _____   ②  그리다 → _____

③  공부하다 → _____   ④  자다 寝る
→ *주무세요 お休みなさい。

● 유용한 표현 便利な表現(挨拶)

> 안녕히 가세요. さようなら。(行く人に対して) 안녕히 계세요. さようなら。(残る人に対して)
> 어서 오세요. いらっしゃいませ。／ようこそ。 안녕히 주무세요. お休みなさい。
> 맛있게 드세요. どうぞ召し上がってください。

● 유용한 표현 便利な表現(教室で)

> 책을 펴세요. 本を開いてください。　　　잘 들으세요. よく聞いてください。
> 읽어 보세요. 読んでください。　　　　따라하세요. 後に続いてください。
> 써 보세요. 書いてください。　　　　　숙제해 오세요. 宿題をして来てください。
> 대답하세요. 答えてください。

다음 글을 읽고 질문에 답하세요. 次の文を読んで質問に答えましょう。

> 나오코 씨,
> 안녕하세요?
> 내일은 제 생일입니다. 우리 집에 오세요.
> 우리 집은 경희대학교 병원 근처에 있습니다.
> 앞에 우체국이 있습니다. 내일 만나요.
> 　　　　　　　　　　　　　- 정은 -

❶ 정은 씨 집은 어디에 있습니까?

❷ 정은 씨 집 앞에 무엇이 있습니까?

써 보세요. 書いてみましょう。

1 여러분 집 근처에 무엇이 있습니까? 그림을 그리고 쓰세요.
皆さんの家の近所には何がありますか。絵と文で書いてみましょう。

2 친구를 초대하는 글을 써 보세요. 友達への招待状を書いてみましょう。

_____ 씨,

안녕하세요?

새로운 단어 新しい単語

우리 ● 내일 ● 생일 ● 시간 ● 가족 ● 병원 ● 고양이 ● 책장 ● 옷장 ● 침대 ● 컴퓨터 ● 아주 ● 깨끗하다 ● 만나다 ● 축하하다

왜요? ● 아, 그래요? ● 어서 오세요.

제 6과 내일 우리 집에 오세요.

제 7 과 | 생일 축하해요!
お誕生日おめでとう!

학습목표

➕ 기능
- 초대 받은 후에 소개하고 인사하기
- 생일 축하카드 쓰기

➕ 문법
- 이/가 아니다, -아/어요, 이에요/예요

➕ 어휘
- 생일 관련 어휘

➕ 문화
- 생일 축하 노래

🎧 **잘 들어 보세요.** よく聞きましょう。   💿 19

① 여기는 어디입니까?

② 켄 씨 선물은 무엇입니까?

이야기해 보세요. 話してみましょう。

❶ [名詞]이/가 아닙니다 指定詞の否定形

"~이다(~だ)"の否定形は "~이/가 아니다(ではない)" です。丁寧形「~ではありません」には、格式体(ハムニダ体) "~이/가 아닙니다(ではありません)"、と非格式体(ヘヨ体) "~이/가 아니에요(ではありません)" の2つの表現があります。

例文
❶ A : 이 사람이 정은 씨입니까? この人がジョンウンさんですか。
　　B : 아니요, 정은 씨가 아닙니다. いいえ、ジョンウンさんではありません。
❷ A : 여기가 학생 식당입니까? ここが学生食堂ですか。
　　B : 아니요, 학생 식당이 아닙니다. いいえ、学生食堂ではありません。
❸ A : 그것이 사과입니까? それがりんごですか。
　　B : 아니요, 사과가 아닙니다. 이것은 바나나입니다.
　　　　いいえ、りんごではありません。これはバナナです。

이것이 의자입니까? これはいすですか。
- 아니요, 의자**가 아닙니다.** いいえ、いすではありません。
　책상입니다. 机です。

例文
이것이 연필입니까?
- 아니요, 연필**이 아닙니다.** 책입니다.

❶ 이것이 포도입니까?
　_____ .

❷ 여기가 학교입니까?
　_____ .

❷ [動詞]아요/어요/해요 非格式体(インフォーマル) 終結語尾

韓国語では、話し手と聞き手の関係によって敬語の使い方が変わります。"~습니다"は格式体(ハムニダ体)の丁寧形で、"~아/어요"は非格式体(ヘヨ体)の丁寧形です。聞き手の方が話し手より年上で社会的地位が高くても、親しい関係であれば非格式体の丁寧形が使えます。また、両親・兄・姉などの家族や友人の間でもよく使われます。この表現も格式体と同様に、現在進行の意味にもなります。動詞の語幹末音節の母音が"ㅏ"または"ㅗ"の場合は"~아요"を、それ以外の母音が来ている場合は"~어요"を付けます。ただし、"~하다"の場合は"~여요"になるので気を付けましょう。なお、"~하여요"は話し言葉で"~해요"に縮約されます。

例文		
ㅏ, ㅗ	➡	서울에 자동차가 많아요. ソウルには自動車が多いです。
		가방이 싸요. かばんが安いです。
		지금 성호 씨가 와요? 今ソンホさんが来ますか。
ㅏ, ㅗ 以外の母音語幹	➡	포도가 맛있어요. ぶどうがおいしいです。
		저는 한국어를 배워요. 私は韓国語を習っています。
		저는 회사에 다녀요. 私は会社に通っています。
'-하-' 終結動詞語幹	➡	친구가 공부해요. 友だちが勉強しています。
		학생이 질문해요. 学生が質問します。
		지금 뭐 해요? 今何していますか。

[動詞] 아요

例文 앉다 座る ➡ 앉아요 座ります/座っています

❶ 작다 ➡ _____   ❷ 비싸다 ➡ _____

❸ 오다 ➡ _____   ❹ 보다 ➡ _____

[動詞]어요

例文 먹다 食べる ➡ 먹어요 食べます／食べています

① 웃다 ➡ _____   ② 울다 ➡ _____

③ 맛있다 ➡ _____   ④ 마시다 ➡ _____

[動詞]해요

例文 공부하다 勉強する ➡ 공부해요 勉強します／勉強しています

① 사랑하다 ➡ _____

② 운동하다 ➡ _____

③ 깨끗하다 ➡ _____

④ 생각하다 ➡ _____

제 7과 생일 축하해요!

❸ [名詞]이에요/예요 "～이다"の非格式体(インフォーマル) 終結語尾

"～이에요/예요(～です)"は"～이다(～だ)"の非格式体丁寧形です。子音で終わる名詞の場合は"～이에요"を、母音で終わる名詞の場合は"～예요"を使います。

例文 ❶ 저는 호주 사람이에요. 私はオーストラリア人です。
❷ 이 사람이 여자 친구예요. この人が彼女です。
❸ 그것은 누구 가방이에요? それは誰のかばんですか。
❹ 이게 한국말로 뭐예요? これは韓国語で何と言いますか。

이 사람은 성호 씨예요. この人はソンホさんです。
- 성호 씨는 한국사람이에요. ソンホさんは韓国人です。

例文 여기가 어디예요?
- 식당이에요.

❶ 이 사람이 누구예요?
_____.

❷ 이것이 사과예요?
_____.

그림을 보고 이야기해 봅시다. 絵を見て話しましょう。

- 누구 생일이에요?
- 누가 있어요?
- 켄 씨는 지금 뭐 해요?

다음 글을 읽고 질문에 답하세요. 次の文を読んで質問に答えましょう。

1

이것은 우리 가족 사진입니다.
제 어머니는 의사입니다.
제 아버지는 선생님입니다.
동생은 학생입니다. 대학교에 다닙니다.

① 어머니가 선생님입니까?
② 동생은 대학생입니까?
③ 여러분의 가족을 소개하세요.

❷

정은 씨,

생일 축하해요.

언제나 건강하세요.

2005. 4. 8
나오코 드림

사랑하는 정은 씨,

생일을 진심으로
축하합니다.

2005. 4. 8
- 켄 -

정은 씨,

생일 축하해요.
행복하세요.

2005. 4. 8
모하메드

● 누구 생일이에요?

생일 축하카드를 써 보세요. 誕生日カードを書いてみましょう。

_____ 씨,

_____ 드림

노래 배우기 歌ってみましょう。

생일 축하 노래

생일 축하합니다 생일 축하합니다 사랑하는 ○○○ 생일 축하합니다

새로운 단어 新しい単語

선물 ● 사과 ● 포도 ● 바나나 ● 아버지 ● 동생 ● 의사 ● 여러분 ●
카드 ● 언제나 ● 다니다 ● 받다 ● 인사하다 ● 소개하다 ● 반갑다 ●
고맙다 ● 건강하다 ● 행복하다 ● 아니다

누구세요? ● 잠깐만요 ● 지금 뭐 해요? ● 생일 축하해요!

제 **8** 과 | 무슨 음식을 좋아하세요?
どんな料理が好きですか。

학습목표

◆ 기능
□ 좋아하는 것 질문하기

◆ 문법
□ 을/를, -(으)세요?(의문), 무슨

🎧 **잘 들어 보세요.** よく聞きましょう。　💿 20

● 켄 씨가 무슨 음식을 좋아해요?

이야기해 보세요. 話してみましょう。

① [名詞]을/를 目的格助詞

"~을/를"は「~を」にあたる目的格助詞です。子音で終わる名詞には"~을"を、母音で終わる名詞には"~를"を使います。

例文
① 누구를 만납니까? だれに会いますか。
② 텔레비전을 봐요. テレビを見ます。
③ 저는 축구를 좋아해요. 私はサッカーが好きです。

[名詞]을

켄 씨가 책을 읽어요. 健さんが本を読みます。

[名詞]를

정은 씨가 우유를 마셔요.
ジョンウンさんが牛乳を飲みます。

다음 _____에 알맞은 말을 넣으세요. 次の_____に適当な言葉を入れましょう。

1. 빵_____ 먹어요.
2. 커피_____ 마셔요.
3. 숙제_____ 해요.
4. 친구_____ 만나요.
5. 꽃_____ 사요.
6. 옷_____ 입어요.

이 사람은 지금 무엇을 하고 있나요? 옆 사람과 이야기해 보세요.
この人は今、何をしていますか。隣の人と話してみましょう。

1.
2.
3.
4.

❷ [動詞](으)세요? 尊敬疑問形 終結語尾

動詞の語幹の後に"~(으)시~"を付けると尊敬形になります。"~(으)세요"は、この尊敬の"~(으)시~"に終結語尾"~어요"が付いて結合した形です。イントネーションによって叙述形にも、疑問形にも、命令形にも使えます。

例文
① 돈이 많으세요? お金が多いですか。(「たくさんありますか。」の意)
② 선생님, 지금 시간이 있으세요? 先生、いまお時間ございますか。
③ 한국 음식을 좋아하세요? 韓国料理がお好きですか。
④ 경희대학교에 다니세요? 慶熙大学に通っていらっしゃいますか。

[動詞]으세요?

무엇을 찾으세요? 何をお探しですか。
- 연필을 찾아요. 鉛筆を探しています。

[動詞]세요?

어디에 가세요? どちらへ行かれますか。
- 집에 가요. 家に帰ります。

제 8과 무슨 음식을 좋아하세요? 79

옆 사람과 이야기해 보세요. 隣の人と話してみましょう。

어디에서 한국어를 배우세요?
- 학교에서 한국어를 배워요.

① 무슨 음식을 _____?
- 일본 음식을 좋아해요.

② 한국 신문을 _____?
- 네, 한국 신문을 읽어요.

③ 회사에_____?
- 네, 회사에 다녀요.

❸ 무슨

무슨 운동을 좋아하세요? どんなスポーツがお好きですか。
- 저는 축구를 좋아합니다. 私はサッカーが好きです。

옆 사람과 이야기해 보세요. 隣の人と話してみましょう。

① 무슨 노래를 좋아하세요?
- _____

② 무슨 음식을 좋아하세요?
- _____

③ 무슨 신문을 보세요?
- _____

우리반 친구들은 무엇을 좋아합니까? 친구들과 이야기해 보세요.
クラスメートは何が好きですか。みんなと話してみましょう。

: 켄 씨, 무슨 **음식**을 좋아하세요?

: 저는 한식을 좋아해요.

이름	한국 음식(한식) / 일본 음식(일식) / 중국 음식(중식) / 양식
계절	봄 / 여름 / 가을 / 겨울
운동	축구 / 야구 / 배구 / 농구 / 탁구

이름	음식	계절	운동	(　　)
	한식	겨울	축구	

제 8과 무슨 음식을 좋아하세요?

다음 글을 읽고 질문에 답하세요. 次の文を読んで質問に答えましょう。

저는 매일 학생 식당에 갑니다.

학생 식당 아주머니가 아주 친절합니다.

"안녕하세요?"

"아, 켄 씨? 안녕하세요?"

오늘 메뉴는 비빔밥입니다. 저는 비빔밥을 아주 좋아합니다.

"아주머니, 밥 많이 주세요. 고추장은 조금 주세요."

아주머니가 웃습니다.

학생 식당 음식이 싸고 맛있습니다.

그래서 저는 학생 식당 음식을 좋아합니다.

❶ 여기가 어디입니까?

❷ 오늘 메뉴는 무엇입니까?

❸ 이 사람은 왜 학생 식당 음식을 좋아합니까?

여러분은 무엇을 좋아합니까? 왜 좋아합니까? 이야기를 써 보세요.
みなさんは何が好きですか。どうして好きですか。好きな理由も書いてみましょう。

새로운 단어 新しい単語

무슨 ● 메뉴 ● 음식 ● 밥 ● 비빔밥 ● 빵 ● 우유 ● 커피 ● 고추장 ● 운동 ●
수영 ● 노래 ● 계절 ● 신문 ● 회사 ● 숙제 ● 텔레비전 ● 옷 ● 아주머니 ●
많이 ● 조금 ● 오늘 ● 매일 ● 좋아하다 ● 마시다 ● 하다 ● 입다 ● 사다 ●
배우다 ● 주다 ● 친절하다 ● 싸다 ● 그래서

제 9 과 | 대학교에서 한국어를 배웁니다.
大学で韓国語を学びます。

잘 들어 보세요. よく聞きましょう。　21

학습목표

기능
- 공손하게 대답하기
- 사물을 대조하여 설명하기

문법
- 하고, 에서, 은/는(대조)

어휘
- 반대말

1. 거실에 누가 있어요?
2. 켄 씨는 정은 씨 친구예요?

이야기해 보세요. 話してみましょう。

❶ [名詞]하고 接続助詞

2つ以上の名詞を対等に並べて言う場合に使う助詞です。日本語の「〜と」にあたります。

例文
① 저하고 켄 씨는 친구입니다. 私と健さんは友達です。
② 아침에 우유하고 빵을 먹어요. 朝、牛乳とパンを食べます。

책상 위에 무엇이 있습니까? 机の上に何がありますか。

− 책상 위에 책하고 연필이 있습니다.
机の上に、本と鉛筆があります。

옆 사람과 이야기해 보세요. 隣の人と話してみましょう。

① 누가 한국어를 가르쳐요?
② 교실에 무엇이 있어요?
③ 아침에 무엇을 먹어요?

❷ [名詞]에서 格助詞

場所を表す「(どこ)で」の「〜で」にあたる助詞です。

動作動詞と一緒に使い、動作が起きる特定の場所を示します。ただし、"오다(来る)"が後に来る場合は「〜から(出発点、由来)」の意味になります。

例文
1. 도서관에서 숙제를 해요. 図書館で宿題をします。
2. 운동장에서 농구를 합니다. 運動場でバスケットボールをします。
3. 공원에서 사진을 찍어요. 公園で写真を撮ります。

어디에서 공부합니까? どこで勉強しますか。
- 교실에서 공부합니다. 教室で勉強します。

어디에서 무엇을 합니까? 알맞은 것을 연결하세요.
どこで何をしますか。合うものをつなぎましょう。

1. 학생 식당　　　・　　　・ 돈을 찾아요
2. 은행　　　　　・　　　・ 편지를 보내요
3. 학교　　　　　・ ………・ 한국어를 배워요
4. 우체국　　　　・　　　・ 옷을 사요
5. 옷 가게　　　　・　　　・ 점심을 먹어요

여기에서 무엇을 합니까? 옆 친구와 이야기해 보세요.
ここで何をしますか。隣の人と話してみましょう。

例文 거실에서　　　　TV를 봐요.

① 방_____　　_____

② 식당_____　　_____

③ 도서관_____　　_____

④ 교실_____　　_____

③ [名詞]은/는 対照補助詞

「〜は」にあたる助詞ですが、日本語と同様に対照する場合にも使います。子音で終わる名詞には"〜은"を、母音で終わる名詞には"〜는"を使います。

例文
① 비빔밥은 쌉니다. 불고기는 비쌉니다. ビビンバは安いです。プルコギは高いです。
② 저는 기숙사에 살아요. 친구는 하숙집에 살아요. 私は寮に住んでいます。友達は下宿に住んでいます。
③ 저는 야구를 좋아해요. 축구는 싫어해요. 私は野球が好きです。サッカーは嫌いです。

여름은 덥습니다. 夏は暑いです。

겨울은 춥습니다. 冬は寒いです。

다음 _____에 알맞은 말을 넣으세요. 次の_____に適当な言葉を入れましょう.

1. 김진우 선생님은 교실에 계십니다. 켄 씨___ 운동장에 있습니다.
2. 농구공은 큽니다. 야구공___ 작습니다.
3. 저는 축구를 좋아합니다. 야구___ 싫어합니다.

다음 대화를 잘 들어 보세요. 次の会話をよく聞きましょう. 22

1. 누가 이야기해요?
2. 여기가 어디예요?

여러분이 정은 씨 집에 생일 초대를 받았습니다. 정은 씨 집에 어머니가 계십니다. 옆사람과 같이 이야기해 보세요.

みなさんはジョンウンさんの誕生日に、家に招待されました。ジョンウンさんの家にはお母さんがいます。隣の人と一緒に話をしてみましょう。

다음 글을 읽고 질문에 답하세요. 次の文を読んで質問に答えましょう。

오늘은 정은 씨 생일입니다. 정은 씨 집 거실에서 파티를 합니다. 친구들하고 정은 씨 동생도 있습니다. 켄 씨는 파티를 좋아합니다. 켄 씨는 생일 축하 노래를 부릅니다.

"생일 축하합니다. 생일 축하합니다.
사랑하는 정은 씨, 생일 축하합니다."

음식이 많습니다. 우리는 불고기하고 잡채를 먹습니다.

1. 어디에서 파티를 합니까?
2. 무엇을 먹습니까?
3. 누가 노래를 부릅니까?

📝 **여러분의 생일 파티 이야기를 쓰세요.** みなさんの誕生日パーティーについて書いてみましょう。

어휘연습 語彙練習

반대말 연습입니다. 다음 표의 빈칸에 알맞은 단어를 쓰세요.
反対語の練習です。次の表の空欄に適当な単語を入れましょう。

있다	없다	크다	작다
	맛없다		춥다
	재미없다	쉽다	
알다	모르다		비싸다
좋아하다		많다	

새로운 단어 新しい単語

돈 ● 편지 ● 옷 ● 거실 ● 가게 ● 아침 ● 점심 ● 불고기 ● 잡채 ● 농구공 ● 야구공 ● 펜팔 ● 파티 ● -들 ● 들어오다 ● 보내다 ● 싫어하다 ● 덥다 ● 춥다 ● 맛없다 ● 재미있다 ● 재미없다 ● 쉽다 ● 어렵다

노래를 부르다

제 10 과 | 종합연습
総合練習

문법 文法
에　　　에서　　　을/를　　　은/는　　　하고
-(으)세요　　-어요/아요　　이/가 아니다

발음 発音
ㅓ/ㅗ　　"ㅎ"の脱落

발음 発音

❶ ㅓ/ㅗ

읽어 보세요. 読んでみましょう。

| ㅓ | 섬 島 | 검 剣 | 범 虎 | 거리 街 |
| ㅗ | 솜 綿 | 곰 くま | 봄 春 | 고리 輪 |

잘 듣고 ____에 쓰세요. よく聞いて____に書きましょう。 23

① 정은 씨는 _____을 좋아해요.

② _____에 사람이 없어요.

③ _____에 가세요.

● 잘 듣고 맞는 발음을 찾아서 연결하세요. よく聞いて発音が合っているものをつなぎましょう。 ◎ 24

거 …… 노　　　버　　보　　　처　　오　　터　　초
　　　　　도　서　　　　　　　　　　　　퍼　　　포
너　　더　　　　　소　키
　　　　　노　　　모　　　　　　　　　토
러　　머　　어　　　　　코
　　　　로　　　　　　저　　　조　　허　　호

❷ "ㅎ" 탈락　"ㅎ"の脱落　発音規則2

> "ㅎ"パッチムの後に母音で始まる音節が続くと"ㅎ"は次音節に連音しますが、"ㅎ"は語中・語尾では無音に近いほど弱まる特徴を持っているので"ㅎ"はほとんど発音しません。例えば、"좋아요"は[조아요]、"많아요"は[마나요]、"넣어요"は[너어요]のように発音します。
>
> 例文　넣으세요[너으세요] 入れてください。　싫어해요[시러해요] 嫌いです。

● 읽어 보세요. 読んでみましょう。

날씨가 **좋아**요.
식당에 사람이 **많아**요.
커피에 설탕을 **넣어**요?

● 잘 듣고 ＿＿에 쓰세요. よく聞いて＿＿に書きましょう。 ◎ 25

❶ 무슨 음식을 ＿＿＿＿＿＿?

❷ 저는 운동을 ＿＿＿＿＿＿.

❸ 지하철에 사람이 ＿＿＿＿＿＿.

문법 文法

❶ 다음 〈보기〉에서 알맞은 것을 골라 (　)에 넣으세요.
次の例(보기)の中から適当なものを選んで、(　)に入れてください。

〈보기〉　이 / 가　　은 / 는　　을 / 를　　하고　　에　　에서

① 이것(　) 책상(　) 아닙니다.
② 저(　) 대학교(　) 다닙니다.
③ 켄 씨(　) 학교(　) 무엇(　) 공부해요?
④ 저는 김치(　) 불고기(　) 좋아해요.
⑤ 교실(　) 한국어(　) 배웁니다.
⑥ 식탁 위(　) 비빔밥(　) 잡채(　) 있어요.

❷ 빈칸에 알맞은 말을 넣으세요. 空欄を適当な言葉で埋めましょう。

	-아요/어요	-(으)세요
앉다	앉아요	앉으세요
가다		
오다		오세요
가르치다		
배우다		
읽다	읽어요	

제10과 종합 연습

	-아요/어요	-(으)세요
따라하다		
공부하다		
먹다	먹어요	**드세요 / 잡수세요**
자다		**주무세요**
있다		**계세요**

읽기 読解

: 오늘 왕영 씨의 생일 파티를 해요.

: 그래요? 내일이 아니에요?

: 생일은 내일이에요.

  그런데 생일 파티는 오늘 저녁에 학교 앞 카페에서 해요.

: 누가 파티에 와요?

: 선생님하고 초급 반 학생들이 파티에 와요.

: 켄 씨도 오세요?

: 네, 저는 파티를 좋아해요.

① 왕영 씨 생일은 오늘이에요?

② 생일 파티는 어디에서 해요?

③ 누가 파티에 와요?

식사 예절 食事のマナー

韓国では目上の人と食事をする場合、上の人がスプーンまたはお箸を手にするまで待つのが礼儀です。

また、上の人が食事を終えてスプーンとお箸を置くまで、席に着いていなければなりません。

お酒を飲むときは、目上の人がお酒を注ぎます。目下の人がお酒を受けるときには、両手でコップを持たなければなりません。そして、目下の人は目上の人に、お酒を両手で注がなければなりません。

また、目上の人の前でタバコを吸ってはいけません。

새로운 단어 新しい単語

김치 ● 식탁 ● 카페 ● 초급 ● 반 ● 저녁 ● 잡수시다 ● 따라하다 ● 그런데

도로와 교통편 道路と交通手段

극장 劇場	영화관 映画館	공원 公園	신호등 信号
KFC ケンタッキーフライドチキン		교차로 交差点	횡단보도 横断歩道
백화점 デパート	은행 銀行	공중전화 公衆電話	스타벅스 スターバックス
병원 病院	우체국 郵便局	버스정류장 バス停	맥도날드 マクドナルド

버스 バス 　　　　　　택시 タクシー 　　　　　자동차 自動車／車

비행기 飛行機 　　　오토바이 オートバイ 　　　자전거 自転車

배 船 　　　　　　　전철 電車 　　　　　　　기차 汽車

방향과 관계있는 말

동쪽 東	서쪽 西	남쪽 南	북쪽 北
앞 前	뒤 後ろ	왼쪽 左	오른쪽 右
위 上	아래 下	옆 橫	가운데 中

제10과 종합 연습

제 11 과 | 서점이 몇 층에 있어요?
書店は何階にありますか。

학습목표

+기능
- 수 읽기
- 전화번호 말하기

+문법
- 한자어 수사, (으)로(방향), 도

+어휘
- 방향

잘 들어 보세요. よく聞きましょう。 26

1. 켄 씨는 무엇을 찾아요?
2. 서점이 어디에 있나요?

이야기해 보세요. 話してみましょう。

❶ 일, 이, 삼, …… 漢字語の数字1 — 数詞

韓国語での数の数え方は、日本語と同様に2種類あります。1つは固有語の数字(하나, 둘, 셋,…)で、もう1つは漢字語の数字(일, 이, 삼,…)です。漢字語の数字は"년(年)、월(月)、일(日)、분(分)"や、お金の単位である"원(ウォン)"などに使います。

例文
1. 육백오십원 650ウォン
2. 이십육달러 26ドル
3. 삼백십삼호 313号

0	1	2	3	4	5	6	7	8	9
영/공	일	이	삼	사	오	육	칠	팔	구
10	20	30	40	50	60	70	80	90	100
십	이십	삼십	사십	오십	육십	칠십	팔십	구십	백

읽어 보세요. 読んでみましょう。

35 삼십오

473 사백칠십삼

❶ 11　　❷ 24　　❸ 57　　❹ 89
❺ 136　　❻ 293　　❼ 547　　❽ 718

전화 번호를 읽어보세요. 電話番号を読んでみましょう。

328-4593
삼이팔에 사오구삼

(011)342-8570
공일일 삼사이에 팔오칠공

① 961-0081　　② 423-8756　　③ 900-8721
④ 898-7890　　⑤ 328-4593　　⑥ 624-4981
⑦ (010)428-2050　⑧ (016)342-8970　⑨ (031)868-1523

잘 들어 보세요. 전화 번호가 맞아요? よく聞きましょう。電話番号は合っていますか。 27

① 723-5326　　네 / 아니요　② 567-1058　네 / 아니요
③ 119　　　　　네 / 아니요　④ 953-9952　네 / 아니요
⑤ 011-284-3341　네 / 아니요

친구의 전화 번호를 물어 보세요. クラスメートの電話番号を聞いてみましょう。

나오코 씨, 전화 번호가 몇 번이에요?
구이사에 **사공이팔**이에요.

☎ 924-4028　　　　　　　　　☎

　　☎　　　　　　　　　　　☎

　　☎　　　　　　　　　　　☎

　　☎　　　　　　　　　　　☎

기숙사입니다. 친구하고 이야기해 보십시오. ここは寮です。クラスメートと話をしてみましょう。

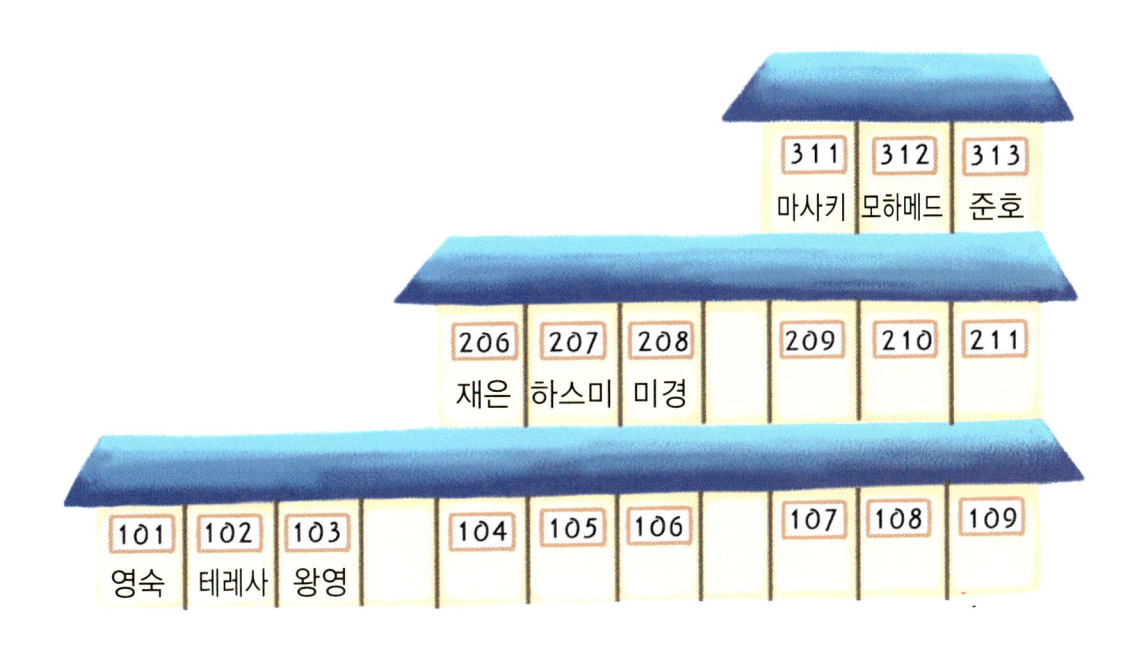

| 311 | 312 | 313 |
| 마사키 | 모하메드 | 준호 |

| 206 | 207 | 208 | 209 | 210 | 211 |
| 재은 | 하스미 | 미경 | | | |

| 101 | 102 | 103 | 104 | 105 | 106 | 107 | 108 | 109 |
| 영숙 | 테레사 | 왕영 | | | | | | |

영숙 씨 방은 몇 호입니까?　　　　　208호에 누가 삽니까?

- 101호입니다.　　　　　　　　　　- 미경 씨가 삽니다.

① 왕영　　　　　　　　　　　④ 102 호

② 재은　　　　　　　　　　　⑤ 207 호

③ 모하메드　　　　　　　　　⑥ 311 호

제 11과 서점이 몇 층에 있어요? 101

❷ [名詞](으)로 助詞

この助詞は方向や手段を表すときに使いますが、ここでは「〜に/へ」という方向の意味で使います。ㄹ以外の子音で終わる名詞には"**〜으로**"を、母音もしくはㄹで終わる名詞には"**〜로**"を使います。

例文
① 저쪽으로 가세요. あちらへ行ってください。
② 학교로 편지를 보내세요. 学校に手紙を送ってください。
③ 교실로 들어가세요. 教室に入ってください。

은행이 어디 있어요? 銀行はどこにありますか。

－4층에 있어요. 4階にあります。

－4층으로 가세요. 4階に行ってください。

❸ [名詞]도 助詞

体言の後に付いて"역시(やはり)、또한(また)"の意味を付け加える助詞です。「〜も」にあたります。

例文　① 저는 잡채를 좋아합니다. 불고기도 좋아합니다. 私はチャプチェが好きです。プルコギも好きです。
　　　② 학생식당에 한국요리가 있습니다. 양식도 있습니다.
　　　　学生食堂に韓国料理があります。洋食もあります。
　　　③ 은행에서 돈을 찾습니다. 우체국에서도 돈을 찾습니다.
　　　　銀行でお金をおろします。郵便局でもお金をおろします。

서점에서 책을 팔아요. 書店で本を売っています。

잡지도 팔아요. 雑誌も売っています。

다음과 같이 이야기해 보세요. 次のように話してみましょう。

교실에 책상이 있습니다.
→ 교실에 의자도 있습니다.

① 207호에 미애 씨가 삽니다. (하스미 씨)
② 성호 씨는 불고기를 좋아합니다. (비빔밥)
③ 켄 씨는 모하메드 씨를 만납니다. (왕영 씨)
④ 방에 텔레비전이 있습니다. (거실에)

잘 듣고 질문에 답하세요. よく聞いて質問に答えましょう。 28

① 식당이 몇 층에 있어요?
② 약국은 어디 있어요?

다음 글을 읽고 질문에 답하세요. 次の文を読んで質問に答えましょう。

켄 씨는 학생회관에 자주 갑니다.
학생회관 3층에는 식당이 있습니다.
4층에는 우체국하고 은행이 있습니다.
오늘도 켄 씨는 식당에서 밥을 먹습니다.
그리고 휴게실에서 책을 읽습니다.

① 식당이 몇 층에 있습니까?
② 학생회관 4층에 무엇이 있습니까?
③ 켄 씨는 휴게실에서 무엇을 합니까?

📝 **무슨 표시입니까? 써 보세요.** 何を表しているか書いてみましょう。

① | 나가는 곳 | Way Out | 경희대학교 | ➡ | 오른쪽으로 가세요.

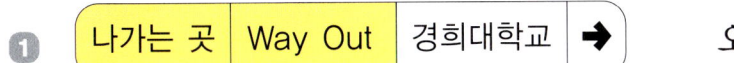

② ⬅ ● 시청 | 갈아타는 곳 | Transfer

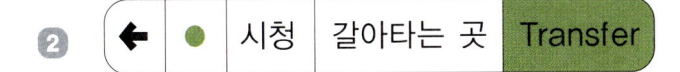

③ ↖ ● 동대문 | 갈아타는 곳 | Transfer   왼쪽으로 올라 가세요.

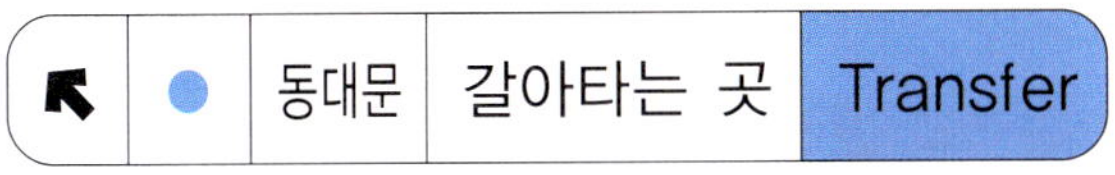

④ ⬆ ● 서울역 | 타는 곳 | Tracks

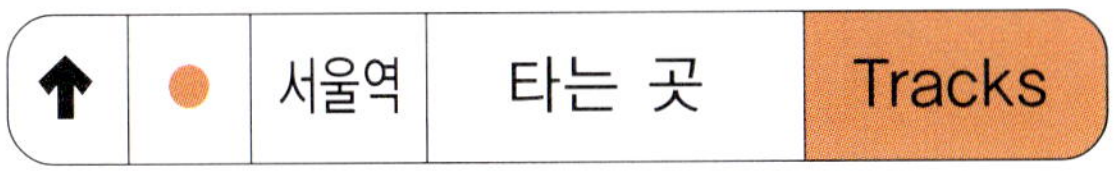

⑤ [🚹🚺 ←100M] [📞 ←100M]   왼쪽으로 100미터 가세요.

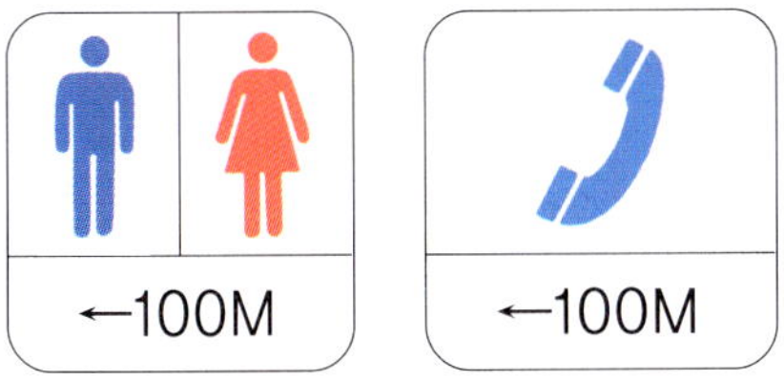

🔍 **새로운 단어** 新しい単語

몇 ● 층 ● 전화 번호 ● 호 ● 번 ● 쪽 ● 건물 ● 학생회관 ● 서점 ●
컴퓨터실 ● 휴게실 ● 지하 ● 잡지 ● 미터 ● 자주 ● 올라가다 ● 내려가다 ●
살다 ● 쉬다

주사위 게임 サイコロゲーム

주사위를 던지세요. 주사위 숫자만큼 가세요. サイコロを振って、出た目の数だけ進んでください。

● 지금 몇 번에 있어요? 今、何番にいますか。

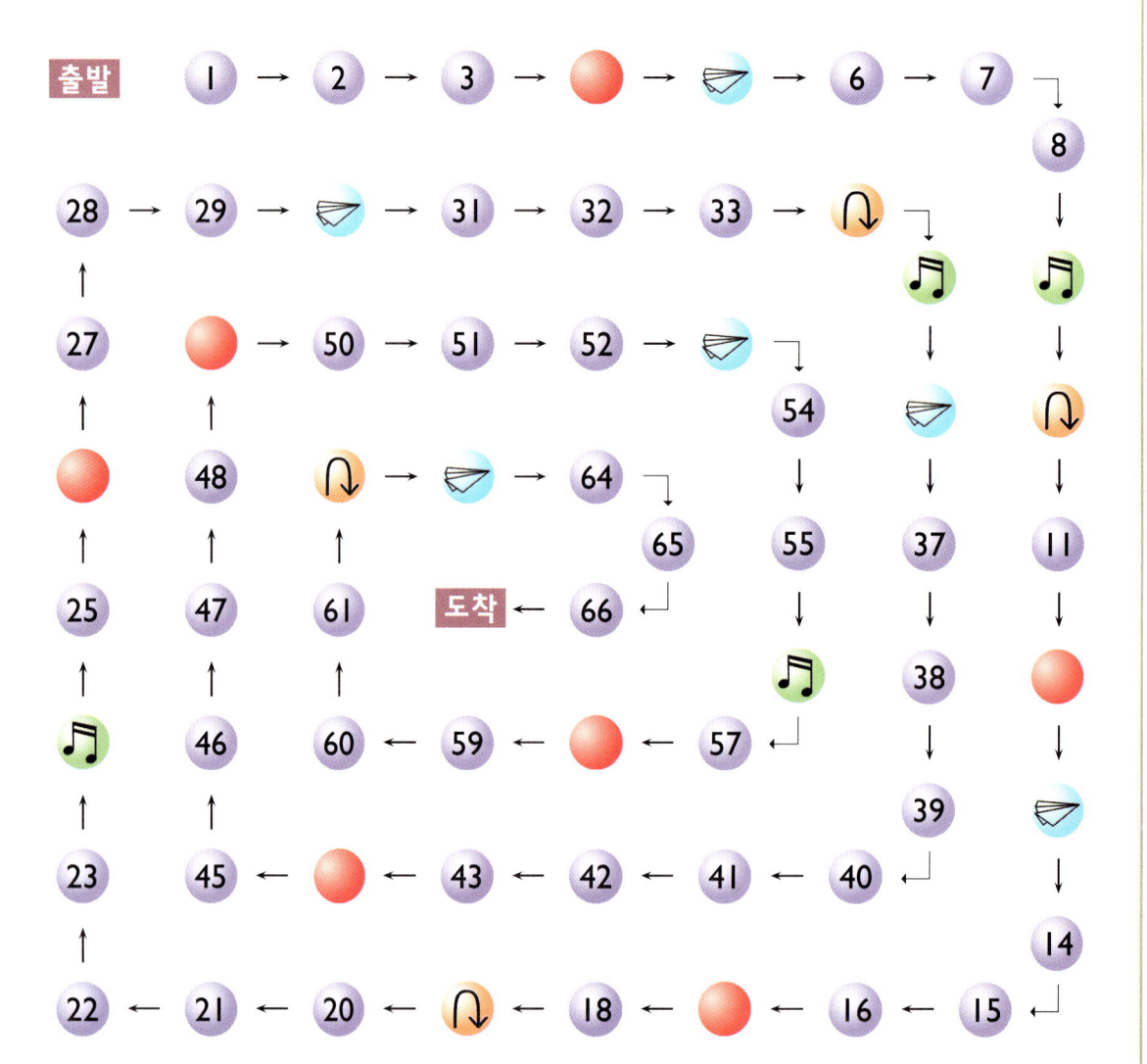

✈ 앞으로 가세요   ↶ 뒤로 가세요   ♪ 노래하세요   🔴 쉬세요

제 12 과 | 아저씨, 이 사전 얼마예요?
おじさん、この辞書いくらですか。

학습목표

+기능
- 가격 묻고 답하기
- 희망 사항 말하기

+문법
- 한자어 숫자(천 이상), -고 싶다

🎧 **잘 들어 보세요.** よく聞きましょう。 💿 29

30,000원

25,000원

① 여기는 어디입니까?
② 켄 씨는 무엇을 삽니까?

제12과 아저씨, 이 사전 얼마예요? ● 107

이야기해 보세요. 話してみましょう。

❶ **천, 만, 십만,** …… 漢字語の数字２－数詞

백(百)、천(千)、만(万)、십만(十万)、백만(百万)、천만(千万)…

百以上の数は漢字語の数字のみで数えます。

例文
① 이천이년 2002年
② 삼만오천원 3万5千ウォン
③ 백만원 100万ウォン

1,000	10,000	100,000	1,000,000	10,000,000
천	만	십만	백만	천만

읽어 보세요. 読んでみましょう。

1,917	천구백십칠
2,002	이천이
1 0,050	만 오십
5 6,104	오만 육천백사
11 0,000	십일만
45 1,797	사십오만 천칠백구십칠
1,23 0,060	백이십삼만 육십
9,15 6,190	구백십오만 육천백구십
11,1 11,111	천백십일만 천백십일
61,1 11,411	육천백십일만 천사백십일

① 2,002　　　　　② 8,720

③ 56,104　　　　 ④ 32,197

⑤ 451,797　　　　⑥ 100,010

⑦ 9,156,191　　　⑧ 3,000,000

⑨ 15,893,123　　⑩ 41,356,000

제12과 아저씨, 이 사전 얼마예요?

잘 듣고 숫자를 써 보세요. よく聞いて数字を書きましょう。 30

1. 2,525
2.
3.
4.

물건 값을 물어 보세요. 値段を聞いてみましょう。

例文　이 수첩 **얼마예요?**
　　　– **사백구십 원**이에요.

490원

1. 6,900원
2. 19,000원
3. 49,100원
4. 168,000원
5. 2,350,000원
6. 19,700,000원

❷ [動作動詞]고 싶다　補助用言

動作動詞に"〜고 싶다"を付けると、「〜したい」という希望を表す表現になります。叙述文の主語は主に一人称、疑問文では二人称となります。主語が三人称の場合は、"〜고 싶어하다(〜したがる)"という表現を使います。

例文
1. 점심에 김밥을 먹고 싶어요. 昼食にのりまきが食べたいです。
2. 노트북을 사고 싶습니다. ノートパソコンを買いたいです。
3. 저는 한국에서 살고 싶어요. 私は韓国に住みたいです。
4. 나오코 씨는 치마를 사고 싶어해요. 直子さんはスカートを買いたがっています。

켄 씨, 무엇을 사고 싶어요?
健さん、何が買いたいですか。

저는 휴대폰을 사고 싶어요. 私は携帯電話を買いたいです。

이야기해 보세요. 話してみましょう。

1. 무엇을 먹고 싶어요?
2. 지금 무엇을 하고 싶어요?
3. 누구를 만나고 싶어요?

자기 물건을 세 개 꺼내세요. 그 물건과 가격을 써 보세요. 친구들과 물건 값이 얼마인지 이야기해 봅시다.

自分の持ち物3つに値段をつけて書きましょう。みんなと商品がいくらか話をしてみましょう。

무엇을 사고 싶으세요?　　　　이 모자 얼마예요?

– **모자**를 사고 싶어요.　　　– **이만 오천 원**이에요.

물건	값
모자	25,000원

다음 그림 중에서 맞는 것을 찾으세요. 次の文に合う写真を選びましょう。

정은 씨는 가방을 사고 싶어합니다.
그 가방은 비쌉니다.
십이만 팔천 원입니다.
옆에 지갑도 있습니다.
그 지갑도 예쁩니다.
삼만 육천오백 원입니다.

❶ 128,000원 ❷ 120,800원 ❸ 36,500원 ❹ 3,650원

여러분에게 지금 천만 원이 있습니다. 무엇을 하고 싶습니까? 써 보세요.
みなさんは今、1000万ウォン持っています。何をしたいか書いてみましょう。

새로운 단어 新しい単語

얼마 ● 값 ● 원 ● 아저씨 ● 사전 ● 축구공 ● 전화기 ● 자동차 ● 모자 ●
지갑 ● 수첩 ● 컵 ● 휴대폰 ● 너무 ● 싶다 ● 싶어하다 ● 예쁘다 ● 어휴

제 13 과 | 오늘이 무슨 요일이에요?
今日は何曜日ですか。

학습목표

기능
- 요일과 날짜 말하기
- 과거 표현
- 일기 쓰기

문법
- 요일/날짜, 에(시간), -았/었-

어휘
- 달력 관련 어휘

잘 들어 보세요. よく聞きましょう。 31

- 켄 씨는 언제 영화를 봤어요?

이야기해 보세요. 話してみましょう。

❶ 날짜, 요일

年月日はそれぞれ "년・월・일" といいます。"년・월・일" の前には漢字語の数字が来ます。

例文
① 내일은 칠월 십오일입니다. 明日は7月15日です。
② 나의 생일은 시월 이십구일입니다. 私の誕生日は10月29日です。
③ 오늘은 금요일입니다. 今日は金曜日です。

2005 **5** MAY

일	월	화	수	목	금	토
	1	2	3	4	5	6	7

| 지난 주 | 8 | 9 | 10 | 11 | 12 | 13 | 14 |

| 이번 주 | 15 | 16 | 17 그저께 | 18 어제 | **19** 오늘 | 20 내일 | 21 모레 |

| 다음 주 | 22 | 23 | 24 | 25 | 26 | 27 | 28 |

| | 29 | 30 | 31 | | | | |

제 13과 오늘이 무슨 요일이에요?

❶ _____월 / _____일

오늘이 며칠이에요? 今日は何日ですか。

- 오늘은 **오월 십구일**입니다. 今日は5月19日です。

❷ 요일

오늘은 무슨 요일이에요? 今日は何曜日ですか。

- **목요일**이에요. 木曜日です。

친구와 이야기해 보세요. みんなと話してみましょう。

❶ 이번 주 토요일은 며칠이에요?

- 21일이에요.

❷ 5월 16일은 무슨 요일이에요?

- 월요일이에요.

❶ ① 이번 주 일요일   ② 다음 주 수요일
❷ ① 5월 1일   ② 5월 6일   ③ 5월 30일

🎤 **친구의 생일은 언제입니까? 달력을 보고 이야기해 보세요.**
みなさんの誕生日はいつですか。カレンダーを見ながら話してみましょう。

생일이 몇 월 며칠이에요?   – 10월 8일이에요.
무슨 요일이에요?   – 월요일이에요.

친구 이름	생일/요일	친구 이름	생일/요일

❷ [名詞]에 　時間の助詞

時を表す名詞の後に付ける助詞で、「(いつ)に」の「〜に」にあたります。たとえば、**아침**(朝)、**점심**(昼)、**저녁**(夕方)、**지난 주**(先週)、**이번 주**(今週)、**다음 주**(来週)、**〜시**(〜時)などの後に付きます。ただし、**어제**(昨日)、**오늘**(きょう)、**내일**(明日)の後には使えません。

例文　① 이번 주에 시험을 봐요. 今週、試験を受けます。
　　　② 다음 달에 동생이 한국에 와요. 来月、弟(妹)が韓国に来ます。
　　　③ 저는 저녁에 운동을 해요. 私は夕方に運動をします。

아침에 운동을 해요. 朝、運動をします。

친구하고 이야기해 보세요. みんなと話してみましょう。

: 아침에 운동하세요?
: 네, **아침에** 수영을 해요.

: 언제 병원에 가요?
: **다음 주에** 병원에 가요.

① 오후에 시간 있어요?
② 이번 주 일요일에 무엇을 해요?
③ 주말에 숙제가 많아요?
④ 언제 시험을 봐요?

❸ [動詞]았/었- 過去時制

過去形は、動詞の語幹の後に"～았~"か"～었~"を付けて作ります。
動詞の語幹末音節の母音が"ㅏ"または"ㅗ"の場合は"～았~"、それ以外の母音の場合には"～었~"を付けます。ただし、"～하다"の場合は"～였~"となり、"～하였~"は話し言葉では"～했~"に縮約されます。なお、格式体(ハムニダ体)は"～았/었습니다, ～했습니다"、非格式体(ヘヨ体)は"～았/었어요, ～했어요"です。

例文			
	ㅏ, ㅗ	➡	지난 주말에 소포를 받았어요. 先週末、小包を受け取りました。
			어제 극장에 갔어요. 昨日、映画館に行きました。
			무슨 영화를 봤어요? 何の映画を見ましたか。
	ㅏ, ㅗ以外の母音語幹	➡	어제는 숙제가 없었어요. 昨日は宿題がありませんでした。
			저 식당 음식이 맛있었어요. あの食堂の料理はおいしかったです。
			지난 달에 수영을 배웠어요. 先月、水泳を習いました。
			그 편지를 보냈어요? その手紙を送りましたか。
	'-하-'終結動詞語幹	➡	어제 오후에 뭘 했어요? 昨日の午後、何をしましたか。
			그 사람은 아주 친절했습니다. その人はとても親切でした。
			집에서 한국어 숙제를 했어요. 家で韓国語の宿題をしました。

저는 지난 주말에 영화를 봤어요.
私は先週末、映画を見ました。

영화가 재미있었어요. 映画が面白かったです。

[動詞]았습니다

저는 어제 편지를 받**았**습니다.
어제는 날씨가 좋**았**어요.

[動詞]었습니다

오늘 아침에 빵을 먹**었**습니다.
도서관에서 책을 읽**었**어요.

* 어제 시험 공부를 **했**어요.

빈칸에 알맞은 말을 넣으세요. 空欄を適当な言葉で埋めましょう。

알다	알았어요	알았습니다	놀다		
닫다			보다	봤어요	
가다			오다		
없다	없었어요	없었습니다	배우다		
맛있다			가르치다		가르쳤습니다
보내다			주무시다		
공부하다	공부했어요	공부했습니다	좋아하다		
생각하다			싫어하다	싫어했어요	
친절하다			일하다		

120

다음 동사로 _____에 알맞은 말을 넣으세요. 次の動詞を_____に適当な形に書き換えましょう。

〈보기〉 만나다   마시다   재미있다   보다

1. 지난 일요일에 친구를 _____.
   친구하고 같이 영화를 _____.
   영화가 아주 _____.
   저녁에는 친구하고 같이 커피를 _____.

〈보기〉 공부하다   사다   먹다   가다

2. 어제 오전에 도우미하고 도서관에서 _____.
   오후에는 동대문 시장에 _____.
   거기에서 바지를 _____.
   시계도 _____. 저녁에는 시장에서 라면을 _____.

친구하고 이야기해 보세요. みんなと話してみましょう。

1. 지난 일요일에 뭘 했어요?
2. 어제 뭘 했어요?

제13과 오늘이 무슨 요일이에요?

다음 글을 읽고 질문에 답하세요. 次の文を読んで質問に答えましょう。

　　　　　　　2006년 9월 14일 토요일 날씨: ☀

오늘은 동생 생일입니다.
백화점에서 동생 선물을 샀습니다.
저는 시계를 사고 싶었습니다.
그러나 시계는 비쌌습니다.
그래서 우산을 샀습니다.
저녁에는 생일 잔치를 했습니다.

① 이 사람은 백화점에서 무엇을 샀습니까?
② 저녁에 무엇을 했습니까?

오늘 일기를 써 보세요. 今日の日記を書いてみましょう。

　　　　____년 ____월 ____일 ____요일　날씨:

어휘 연습 語彙練習

● 달력에서 볼 수 있는 단어입니다. 빈칸을 채워 보세요.
カレンダーにある単語です。空欄を埋めましょう。

1월   2월   3월   4월   5월   6월   7월   8월   9월   10월   11월   12월

일월   유월   시월

월요일   목요일   일요일

새로운 단어 新しい単語

이번 ● 지난 ● 다음 ● 며칠 ● 오전 ● 오후 ● 주 ● 주말 ● 극장 ● 영화 ●
시험 ● 숙제 ● 공부 ● 시장 ● 바지 ● 라면 ● 잔치 ● 날씨 ● 동대문 ● 언제 ●
같이 ● 알다 ● 운동하다 ● 받다 ● 닫다

시험을 보다

제 14 과 | 지금 몇 시예요?
今何時ですか。

학습목표

기능
- 시간 말하기
- 하루 일과 이야기하기

문법
- 고유어 수사, 수관형사

🎧 **잘 들어 보세요.** よく聞きましょう。 💿 32

12 시

1. 켄 씨는 몇 시에 약속이 있어요?
2. 켄 씨는 누구를 만나요?

이야기해 보세요. 話してみましょう。

❶ 하나, 둘, 셋, …… 固有語の数字 − 数詞

固有語の数字は次の通りです。

하나(1)、둘(2)、셋(3)、넷(4)、다섯(5)、여섯(6)、일곱(7)、여덟(8)、아홉(9)、열(10)、스물(20)、서른(30)、마흔(40)、쉰(50)、예순(60)、일흔(70)、여든(80)、아흔(90)

固有語の数字で1から99まで数えることができます。固有語の数字に助数詞(単位)を付けると、"하나・둘・셋・넷・스물"は"한・두・세・네・스무"のように語末の音が脱落します。

1	2	3	4	5	6	7	8	9	10
하나	둘	셋	넷	다섯	여섯	일곱	여덟	아홉	열

20	30	40	50	60	70	80	90	100
스물	서른	마흔	쉰	예순	일흔	여든	아흔	백

❷ 한, 두, 세, …… 数冠形詞

> 助数詞の前に来る数詞のことを、数冠形詞と言います。
> 한、두、세、네、다섯、여섯、일곱、여덟、아홉、열、스무、…など。

🍎	하나	몇 개예요? 何個ですか。 **한** 개예요. 1個です。
🍎🍎	둘	몇 개예요? 何個ですか。 **두** 개예요. 2個です。
🍎🍎🍎	셋	몇 개예요? 何個ですか。 **세** 개예요. 3個です。
🍎🍎🍎🍎	넷	몇 개예요? 何個ですか。 **네** 개예요. 4個です。
🍎🍎🍎🍎🍎	다섯	몇 개예요? 何個ですか。 **다섯** 개예요. 5個です。
🍎×10	열	몇 개예요? 何個ですか。 **열** 개예요. 10個です。
🍎×20	스물	몇 개예요? 何個ですか。 **스무** 개예요. 20個です。

친구하고 이야기해 보세요. みんなと話してみましょう。

1. 손가락은 모두 몇 개예요?
2. 교실에 의자가 몇 개 있어요?
3. 옷에 주머니가 몇 개 있어요?

❸ ___시 ___분

「〜時」は固有語の数字で、「〜分」は漢字語の数字で表します。なお、"〜시 30분"の"30분"は"반(半)"ともいいます。

例文
1. 한 시 1時
2. 두 시 삼십 분(두 시 반) 2時30分(2時半)
3. 세 시 사십오 분(네 시 십오분 전) 3時45分(4時15分前)
4. 열한 시 이십 분 11時20分
5. 열 두 시 12時

지금 몇 시예요? 今何時ですか。
- 한 시입니다. 1時です。

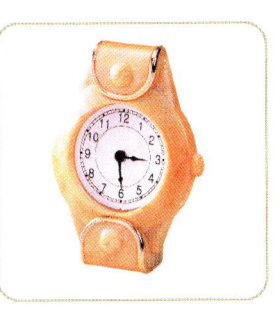

지금 몇 시예요? 今何時ですか。
- 세 시 삼십 분/세 시 반입니다. 3時30分／3時半です。

지금 몇 시예요? 今何時ですか。

– 두 시 오 분 전입니다. 2時5分前です。

지금 몇 시예요? 써 보세요. 今何時か書いてみましょう。

①  ②  ③

⑤  ⑥  ⑦

잘 듣고 몇 시인지 그리세요. よく聞いて、時計に針を描いてみましょう。 33

①  ②  ③  ④

⑤  ⑥  ⑦  ⑧

켄 씨의 일과입니다. 친구하고 이야기해 보세요. 그리고 문장으로 만들어 보세요.
健さんの日課を見ながら、友達と話してみましょう。文章も作ってみましょう。

❶ 켄 씨는 몇 시에 일어나요?   ❷ 켄 씨는 몇 시에 학교에 도착해요?
❸ 몇 시에 수업이 끝나요?   ❹ 언제 공부해요?
❺ 오후 네 시에 무엇을 해요?

제14과 지금 몇 시예요? 129

다음 글을 읽고 질문에 답하세요. 次の文を読んで質問に答えましょう。

오늘 아침에는 비가 왔습니다.

김진우 선생님은 오늘 7시 30분에 집에서 나왔습니다.

지하철에 사람들이 아주 많았습니다.

학교 근처 지하철 역에서 켄 씨를 만났습니다.

켄 씨는 우산이 없었습니다.

그래서 두 사람은 같이 우산을 썼습니다.

학교에 8시 50분에 도착했습니다.

❶ 김진우 선생님은 몇 시에 집에서 나왔습니까?

❷ 선생님은 켄 씨를 어디에서 만났습니까?

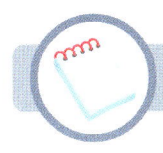

하루의 일과를 간단히 써 보세요. 1日の日課について簡単に書いてみましょう。

❶
6시 30분	일어나요.
시　분	
시　분	
시　분	
시　분	
시　분	
시　분	
시　분	

❷ 여러분의 일과를 이야기로써 보세요.
みなさんの日課も書いてみましょう。

오늘 아침에 여섯 시 삼십 분에 일어났어요.

새로운 단어 新しい単語

시 ● 분 ● 반 ● 전 ● 비 ● 약속 ● 지하철 ● 역 ● 손가락 ● 주머니 ●
빨리 ● 모두 ● 일어나다 ● 도착하다 ● 끝나다 ● 나오다 ● 쓰다

시험을 보다 ● 있다 ● 비가 오다 ● 우산을 쓰다 ● 수업이 끝나다

제 15과 | 종합연습
総合練習

문법 文法
도　　　　(으)로　　　　에
-고 싶다　　-았/었-

발음 発音
ㅜ / ㅡ　　중화(음소의 대립이 해소되는 현상)
中和(音素の対立が解消する現象)

발음 発音

❶ ㅜ / ㅡ

● 읽어 보세요. 読んでみましょう。

| ㅜ | 수업 授業 | 꿀 はちみつ | 뿌리 根 | 국수 そうめん |
| ㅡ | 쓰다 書く | 끝 終わり | 예쁘다 きれいだ | 주스 ジュース |

● 잘 듣고 ＿＿에 쓰세요. よく聞いて＿＿に書きましょう。 🔊 34

❶ 상우는 ＿＿＿＿ 집을 모릅니다.

❷ 그 ＿＿＿＿는 뜨겁습니다.

❸ 종이에 ＿＿＿＿을 그렸습니다.

❹ ＿＿＿＿는 ＿＿＿＿이 예쁩니다.

● 잘 듣고 맞는 발음을 찾아서 연결하세요. よく聞いて発音が合っているものをつなぎましょう。 35

실   둘   구름   가을   거울
      국장   돌   그림
웃음……극장   솔   복
웃움 국정   들   술   북   겨울

❷ 중화(음소의 대립이 해소되는 현상) 中和(音素の対立が解消する現象) 発音法則3

> パッチムの後に母音が来ない場合、パッチムは次のように発音します。
> "ㄱ・ㅋ・ㄲ"は[ㄱ]、"ㄷ・ㅌ・ㅅ・ㅆ・ㅈ・ㅊ"は[ㄷ]、"ㅂ・ㅍ"は[ㅂ]で発音します。例えば、부엌[부억]、옷[옫]、앞[압]と発音します。
>
> **例文** 저녁[저녁] 夕方 키읔[키윽] ク 밖[박] 外 곧[곧] すぐ 시옷[시옫] ㅅ 있고[읻꼬] ある
> 낮[낟] 昼 꽃[꼳] 花 밭[받] 畑 밥[밥] ご飯 옆[엽] 横

● 읽어 보세요. 読んでみましょう。

ㅂ	집 家	밥 ご飯	앞 前	무릎 膝
ㄷ	옷 服	낮 お昼	꽃 花	밭 畑
ㄱ	목 首	부엌 台所	낚시 釣り	국 汁

● 잘 듣고 _____에 쓰세요. よく聞いて___に書きましょう。 36

① _____ 잘 보세요.
② 나무가 많습니다. _____많습니다.
③ 자주 _____ 움직이세요.
④ 아기가 _____. 아주 귀엽습니다.

듣기 聞き取り

- 잘 듣고 질문에 대답해 보세요. よく聞いて質問に答えましょう。 🎧 37

  ❶ 내일은 무슨 시험을 봅니까?

  ❷ 언제 친구를 만납니까?

  ❸ 친구하고 무엇을 하고 싶습니까?

문법 文法

- 다음 이야기를 고쳐 쓰세요. 次の文章を例にならって直しましょう。

저는 **오늘** 친구하고 같이 서울 대공원에 가요. 학교 앞에서 친구를 만나요. 가게에서 필름을 사요. 대공원에 사람이 많아요. 우리는 사진을 많이 찍어요. 재미있게 놀아요.	저는 **지난 주 일요일에** 친구하고 같이 서울 대공원에 갔어요. 학교 앞에서 친구를 _____. 가게에서 필름을 _____. 대공원에 사람이 _____. 우리는 사진을 많이 _____. 재미있게 _____.

● 무엇이 몇 개 있습니까? 얼마입니까? 何がいくつありますか。いくらですか。

例文   2,500원

사과가 세 개 있어요.
이천오백 원이에요.

① 3,400원

② 14,900원

③ 3,800원

④ 96,000원

⑤ 2,000원

여러분은 다음 물건들을 가지고 있습니다. 각 물건들은 네 개의 서랍에 넣어 보세요. 왜 그렇게 넣었는지 서로 이야기해 보세요. みなさんは下の7つの物を持っています。それぞれ4つの引き出しに入れましょう。なぜそのように入れたのか、お互いに話してみましょう。

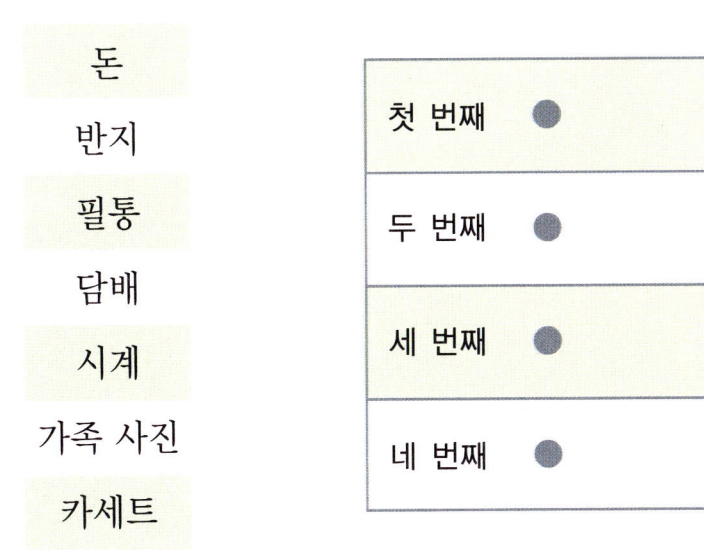

돈
반지
필통
담배
시계
가족 사진
카세트

첫 번째	●
두 번째	●
세 번째	●
네 번째	●

제15과 종합 연습　135

말하기 会話

● 친구하고 이야기해 보세요. みんなと話してみましょう。

① 한국에 언제 왔어요?
② 생일이 언제예요?
③ 어제 무엇을 했어요?
④ 이번 주말에 무엇을 하고 싶어요?

쓰기 作文

● 오늘 무엇을 했습니까? 지금 무엇을 하고 싶어요? 써 보세요.
今日は何をしたか、また、今何をしたいか書いてみましょう。

새로운 단어 新しい単語

읽기 • 듣기 • 연습 • 서랍 • 반지 • 담배 • 필통 • 볼펜 • 카세트 • 필름 • 바나나 • 서울 • 대공원 • 가게 • 가수 • 선수 • 첫 • 번째 • 재미있게 • 놀다

사진을 찍다

교실과 문방구   教室と文房具

칠판 黒板	칠판지우개 黒板消し	분필 チョーク
시간표 時間割り	교탁 教卓	꽃병 花瓶
책상 机	의자 いす	가방 かばん

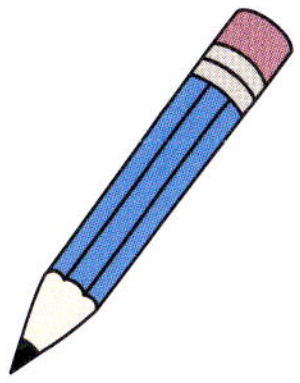

연필 鉛筆	공책 ノート	지우개 消しゴム
종이 紙	풀 のり	가위 はさみ
칼 カッター	자 定規	스테이플러 ホッチキス
클립 クリップ	압정 画びょう	수정액 修正液

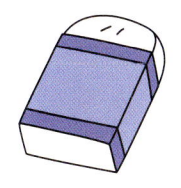

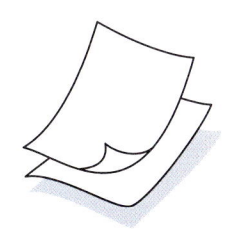

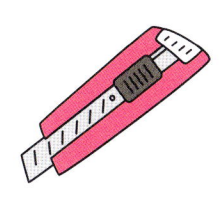

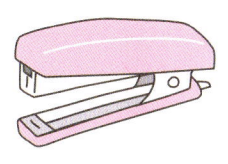

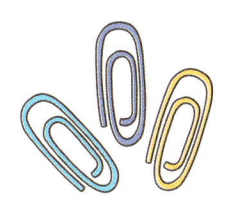

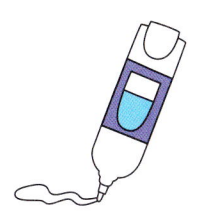

제 16 과 | 학생 식당으로 갈까요?
学生食堂へ行きましょうか。

학습목표

✤ 기능
- 제안하기
- 의견 묻기

✤ 문법
- -(으)ㄹ까요?, -(으)ㅂ시다, 안, -지 않다, 부정표현

✤ 문화
- 한국의 상차림

잘 들어 보세요. よく聞きましょう。　　38

1. 나오코 씨는 저녁을 먹었습니까?
2. 켄 씨와 나오코 씨는 어디로 갑니까?

음식 이름 料理の名前

김치찌개	된장찌개	순두부찌개	비빔밥
김밥	갈비탕	삼계탕	불고기
갈비	냉면	만두국	잡채
자장면	볶음밥	빈대떡	떡
칼국수	피자	스파게티	햄버거

이야기해 보세요. 話してみましょう。

❶ [動作動詞](으)ㄹ까요? 聞き手の意向を尋ねる語尾

「〜しましょうか」という、聞き手の意向を尋ねるときに使う表現です。主語が一人称単数の場合は話し手の行動についての聞き手の意向を尋ね、主語が一人称複数の場合は話し手と聞き手が一緒に何かをすることを提案しながら聞き手の意向を尋ねる表現です。

語幹が子音で終わる動詞には"〜을까요?"、語幹が母音で終わる動詞には"〜ㄹ까요?"を使います。これに対し聞き手は、主語が一人称単数の場合は承諾・命令形の"〜(으)십시오/〜(으)세요"で、一人称複数の場合は勧誘形の"〜(으)ㅂ시다"で答えます。

例文
① 제가 할까요? 私がしましょうか。
② 제가 문을 닫을까요? 私がドアを閉めましょうか。
③ 이 영화를 볼까요? この映画を見ましょうか。
④ 우리 같이 점심을 먹을까요? (わたしたち)一緒に昼食を食べましょうか。

같이 점심 먹을까요? 一緒に昼食を食べましょうか。
네, 좋아요. ええ、いいですね。

[動作動詞]을까요?
한식을 먹**을까요**?

[動作動詞]ㄹ까요?
커피를 마**실까요**?

❷ [動作動詞](으)ㅂ시다 *勧誘形語尾*

「〜しましょう」にあたる勧誘形表現です。動作動詞にしか使えません。語幹が子音で終わる動詞には "〜읍시다" を、語幹が母音で終わる動詞には "〜ㅂ시다" を使います。

例文
❶ A：내일 같이 공부할까요? 明日、一緒に勉強しましょうか。
　 B：좋아요. 같이 공부합시다. いいですよ。一緒に勉強しましょう。
❷ A：오늘 뭘 먹을까요? きょう、何を食べましょうか。
　 B：갈비탕을 먹읍시다. カルビタンを食べましょう。

나오코 씨, 어디 가세요? 直子さん、どこに行くんですか。

학생 식당에 가요. 学生食堂に行くんです。

같이 **갑시다**. 一緒に行きましょう。

[動作動詞]읍시다
점심을 같이 **먹읍시다**.

[動作動詞]ㅂ시다
같이 공부**합시다**.

그림을 보고 다음과 같이 대화를 만들어 보세요. 絵を見て例にならって会話を作ってみましょう。

: 나오코 씨, 같이 공원에 **갈까요**?

: 좋아요. 같이 **갑시다**.

❶　❷　❸　❹

다음 메뉴를 보고 이야기해 보세요. 次のメニューを見ながら話してみましょう。

한식메뉴

김치찌개	3,500 원	된장찌개	3,500 원
순두부찌개	3,500 원	비빔밥	3,500 원
김밥	2,500 원	칼국수	3,000 원

양식메뉴

피자	12,000 원	스파게티	6,000 원
햄버거	2,500 원	돈까스	5,000 원
카레라이스	4,000 원	오므라이스	4,000 원

① : 한식을 먹을까요? 양식을 먹을까요?
: **한식**을 먹읍시다.

② : 뭘 먹을까요?
: 저는 **비빔밥**을 먹고 싶어요.
: **김밥**도 시킬까요?
: 네, 시키세요.

❸ 안 [動詞] 副詞（否定）

動詞の否定形には、短い否定形と長い否定形の2つの表現方法があります。短い否定形は否定の副詞 "안" を動詞の前に置きます。ただし、「名詞＋하다」形の動詞（例：공부하다）の場合は、「안」を名詞と「하다」の間に置くとなめらかです。（例：공부 안 하다）

例文　❶ A : 지금 비가 와요? いま、雨が降っていますか。
　　　　 B : 아니요, 비가 안 와요. いいえ、雨は降っていません。
　　　❷ A : 숙제를 했어요? 宿題をしましたか。
　　　　 B : 아니요, 숙제를 안했어요. いいえ、宿題をしませんでした。

켄 씨, 지금 자요? 健さん、今寝ていますか。

아니요, **안** 자요. いいえ、寝ていません。

공부해요? 勉強していますか。

아니요, 공부 **안** 해요. 텔레비전을 봐요.
いいえ、勉強していません。テレビを見ています。

텔레비전이 재미있어요? テレビは面白いですか。

아니요, 재미없어요. いいえ、面白くありません。

제 16과 학생 식당으로 갈까요? 145

다음과 같이 대화를 완성하세요. 例にならって会話を作ってみましょう。

: 나오코 씨, 지금 비가 와요?
: 아니요, 지금 비가 **안** 와요.

❶ 켄 씨가 학교에 갔어요?

　　아니요, _____.

❷ 아침에 신문을 읽었어요?

　　아니요, _____.

❸ 오늘 날씨가 춥습니까?

　　아니요, _____.

❹ 어제 숙제했어요?

　　아니요, _____.

❹ [動詞]지 않다

動詞の語幹に"~지 않다"を付けると、長い否定の表現になります。"안~"否定と"~지 않다"否定、どちらも叙述文と疑問文でのみ使われます。

例文
① 저는 운동을 좋아하지 않습니다. 私は運動が好きではありません。
② 어제 왜 전화하지 않았어요? 昨日、どうして電話しなかったんですか。
③ 그 사람은 커피를 마시지 않아요. その人はコーヒーを飲みません。

나오코 씨는 지금 공부하지 않아요.
直子さんは今勉強していません。

텔레비전을 봐요. テレビを見ています。

다음과 같이 대화를 완성하세요. 例にならって会話を完成させましょう.

: 나오코 씨, 어제 저녁에 공부했어요?
: 아니요, 공부하<u>지 않았어요</u>.
: 그럼, 저녁에 친구들을 만났습니까?
: 아니요, 만나<u>지 않았습니다</u>.

❶ 한국어가 어렵습니까?
- 아니요, _____.
한국 친구들이 많아요?
- 아니요, _____.

❷ 지난 주에 부모님께 편지를 보냈어요?
- 아니요, _____.
그럼, 오늘 부모님하고 전화했습니까?
- 아니요, _____.

옆 친구와 약속을 정하세요. 隣の人と約束をしてみましょう。

: 오늘 저녁에 저하고 같이 **저녁**을 먹을까요?

: 좋아요.

: 뭘 먹을까요? **한국 음식**을 좋아하세요?

: ① 네, 좋아해요.

② 아니요, 안 좋아해요.

① : 그러면 한국 음식을 먹읍시다. 몇 시에 만날까요?

: **6시에** 만납시다.

: 어디에서 만날까요?

: **학교 정문**에서 만납시다.

② : 그러면 **중국 음식**을 좋아하세요?

: **아니요**, 좋아하**지 않아요**.

: **양식**을 좋아하세요?

: **아니요, 안** 좋아해요.

제16과 학생 식당으로 갈까요? 149

다음 글을 읽고 질문에 답하세요. 次の文を読んで質問に答えましょう。

켄 씨는 오늘 저녁에 한국 친구 집에서 저녁을 먹었습니다.
반찬이 많았습니다. 반찬은 모두 맛있었습니다.
켄 씨는 불고기를 많이 먹었습니다.
하지만 김치는 조금 매웠습니다. 그래서 김치를 먹지 않았습니다.
켄 씨는 된장찌개를 처음 먹었습니다. 된장찌개는 맵지 않았습니다.

❶ 켄 씨는 오늘 저녁에 어디에 갔습니까?
❷ 켄 씨는 무엇을 먹었습니까?

여러분의 나라에서 많이 먹는 음식을 소개해 보세요.
みなさんの国でよく食べる料理を紹介してみましょう。

한국의 상차림 韓国の食卓

伝統的に韓国料理はご飯、汁物、キムチ、そして様々なおかずで構成されています。お膳を用意するときはご飯の右手に汁物を置きます。汁物の横にスプーンを置き、スプーンの右手にお箸を置きます。キムチは膳の中央下段に置いて、キムチを中心にしておかずを置きます。食事をする場合、スプーンとお箸を同時に持ってはいけません。ご飯と汁物を食べる時には、スプーンを使い、お箸はその他の料理を食べる時に使います。

① 상　② 숟가락　③ 젓가락　④ 밥　⑤ 국　⑥ 찌개　⑦ 반찬

새로운 단어 新しい単語

밖 ● 정문 ● 공원 ● 반찬 ● 처음 ● 안 ● 앉다 ● 맵다 ● 나가다 ● 시키다 ● 숙제하다 ● 하지만

그래요.

제 17 과 | 뭘 드시겠습니까?
何を召し上がりますか。

잘 들어 보세요. よく聞きましょう。　39

학습목표

기능
- 음식 주문하기
- 공손하게 말하기
- 음식 소개하기
- 계획 말하기

문법
- 께서 -(으)십니다, -겠-

❶ 나오코 씨는 무엇을 먹고 싶어합니까?

❷ 두 사람은 무엇을 시켰습니까?

유용한 표현 便利な表現(食堂で)

뭘 드시겠습니까?	何になさいますか。
불고기 2인분 주세요.	プルコギ2人前ください。
반찬 좀 더 주세요.	おかずをもうちょっとください。
물 좀 주세요.	お水ください。
모두 얼마예요?	全部でいくらですか。

이야기해 보세요. 話してみましょう。

❶ [名詞]께서 [動詞](으)십니다 尊称主格助詞

韓国語には、相手に尊敬の意を表す特別な機能を持っている助詞があります。例えば、尊敬の意を示したい対象(両親や先生など)が主語である文には、主格助詞"~이/가"の代わりに尊敬の主格助詞"~께서"を使うのが正しい敬語です。

例文
❶ 부모님께서 집에 안 계십니다. 両親は家にいません。
❷ 할아버지께서 한국에 오십니다. 祖父が韓国に来ます。
❸ 할머니께서는 이 음식을 좋아하지 않으세요. 祖母はこの料理が好きではありません。

아버지**께서** 회사에 가**십니다**. 父が会社に行きます。

켄 씨가 집에 갑니다. 健さんが家に帰ります。

※먹다/자다/있다

선생님이 아침을 먹습니다.
아버지가 잡니다.
어머니가 방에 있습니다.

→

선생님**께서** 아침을 **드십니다**.
아버지**께서 주무십니다**.
어머니**께서** 방에 **계십니다**.

다음 이야기를 고쳐 쓰세요. 次の文を例にならって直しましょう。

오늘은 가족들이
모두 집에 있습니다.
할아버지가 신문을 읽습니다.
할머니가 과일을 먹습니다.
아버지가 차를 마십니다.
어머니가 방에서 잡니다.
저는 동생과 같이
컴퓨터 게임을 합니다.

→

오늘은 가족들이
모두 집에 있습니다.
할아버지**께서** 신문을 **읽으십니다**.
할머니____ 과일을 _____.
아버지____ 차를 _____.
어머니____ 방에서 _____.
저는 동생과 같이
컴퓨터 게임을 합니다.

❷ [動詞]겠-

"~겠~"は、動詞の語幹に付いて未来の時制を表します。文の主語が一人称の場合は、話し手の意志を表します。

例文
① 저녁에 전화하겠습니다. 夕方、電話します。
② 다음 주말에 등산을 가겠습니다. 来週末、登山に行きます。
③ 저는 비빔밥을 먹겠습니다. 私はビビンバを食べます。

7시에 전화하**겠**습니다. 7時に電話します。

다음 이야기를 고쳐 쓰세요. 次の文を例にならって直しましょう。

토요일에는 친구와 같이 도서관에서 공부합니다.
일요일 오전에 등산을 갑니다.
일요일 오후에 집에서 쉽니다.
일요일 밤에 숙제를 합니다.

→

토요일에는 친구와 같이 도서관에서 **공부하겠습니다.**
_____.
_____.
_____.

세 사람이 같이 이야기해 보세요. 3人で会話をしてみましょう。

차림표	김 밥	2,000 원	김치찌개	3,500 원
	떡볶이	2,000 원	된장찌개	3,500 원
	라 면	2,000 원	비빔밥	3,500 원
	만 두	2,000 원	칼국수	3,500 원

: 나오코 씨, 뭘 먹을까요?

: **김밥**을 먹고 싶어요.

: 저도 김밥을 먹고 싶어요. **떡볶이**도 시킬까요?

: 네, 시키세요.

: 아저씨, 여기요!

: 뭘 드시겠어요?

: **김밥 2인분**하고 **떡볶이 1인분** 주세요.

: 김밥 2인분하고 떡볶이 1인분이요? 네, 잠시만 기다리세요.

다음 글을 읽고 질문에 답하세요. 次の文を読んで質問に答えましょう。

이 음식은 무엇입니까?

한국 사람들이 이것을 아주 좋아해요. 국물이 있어요. 국물이 뜨겁습니다. 그리고 조금 맵습니다.

한식집에서는 팔지 않습니다. 분식집에서 주로 팔아요. 슈퍼마켓에서도 팔아요. 사람들이 점심 시간에 많이 먹습니다.

먼저 물을 끓입니다. 그리고 이것을 넣어요. 주로 젓가락으로 먹습니다.

이것은 아주 싸고 맛있어요.

❶ 이것은 무엇입니까?
❷ 어떻게 만들어요?

여러분이 좋아하는 음식을 소개해 보세요. みなさんが好きな食べ物を紹介してみましょう。

새로운 단어 新しい単語

물 ● 국물 ● 차 ● 과일 ● 떡볶이 ● 만두 ● 젓가락 ● 한식집 ● 분식집 ●
할아버지 ● 할머니 ● 등산 ● 슈퍼마켓 ● 게임 ● 주로 ● 먼저 ● 잠시만 ●
어떻게 ● 기다리다 ● 전화하다 ● 팔다 ● 끓이다 ● 넣다 ● 뜨겁다 ●
그렇지만 ● ~인분

여기요! ● 등산을 가다

제 18 과 | 동대문 시장에 같이 갑시다.
東大門市場に一緒に行きましょう。

잘 들어 보세요. よく聞きましょう。 40

학습목표

✚ 기능
□ 물건 사기
□ 약속하기와 거절하기
□ 시장 소개하기

✚ 문법
□ (이)랑, 'ㅡ' 탈락 동사

✚ 어휘
□ 물건 이름

1. 켄 씨와 나오코 씨는 어디에 가요?
2. 나오코 씨는 무엇을 사고 싶어해요?

이야기해 보세요. 話してみましょう。

❶ [名詞](이)랑 接続助詞

"~(이)랑"は名詞と名詞をつなぐ接続助詞で、羅列の意の「~や」「~と」にあたり、主に口語体で使います。子音で終わる名詞には "~이랑"、母音で終わる名詞には "~랑" を使います。

例文
① 점심에 김밥이랑 라면을 먹었어요. 昼食にのりまきとラーメンを食べました。
② 오늘 휴대폰이랑 카메라를 샀어요. きょう、携帯電話とカメラを買いました。
③ 여름에 경주랑 지리산에 가고 싶어요. 夏に慶州と智異山に行きたいです。
④ 제 생일에 친구랑 동생이 선물을 보냈어요.
　 私の誕生日に友達や弟(妹)がプレゼントを送ってくれました。

나오코 씨**랑** 켄 씨가 같이 동대문 시장에 가요.
直子さんと健さんが一緒に東大門市場に行きます。

[名詞]이랑

연필**이랑** 지우개를 샀어요.

[名詞]랑

치마**랑** 바지를 사고 싶어요.

제 18과 동대문 시장에 같이 갑시다.

🧒 **옆 친구와 이야기해 보세요.** 隣の人と話してみましょう。

> 아침에 뭘 먹었어요? 〈빵, 우유〉
>
> <u>빵이랑</u> 우유를 먹었어요.

① 어제 동대문 시장에서 뭘 샀어요? 〈운동화, 바지〉
② 누가 학교에 안 왔어요? 〈모하메드 씨, 왕영 씨〉
③ 방학에 어디에 갔어요? 〈경주, 설악산〉
④ 무엇을 먹고 싶어요? 〈냉면, 갈비〉

❷ '—'탈락 동사 : '으'의 '—'임   '—'脱落用言 : '으'의 '—'

크다(大きい)、바쁘다(忙しい)のように、語幹末音節が「子音+—」からなっている場合、語幹の後に"〜아/어〜"母音が続くと母音"—"は脱落します(例:크다〉커요、컸어요;바쁘다〉바빠요、바빴어요)。したがって、"〜아/어〜"母音を選ぶ際に基準となる母音は「子音+—」の「—」ではなく、その直前音節の母音となります。直前音節の母音が"ㅏ・ㅗ"なら"〜아〜"を、"ㅏ・ㅗ"以外の母音なら"〜어〜"となります。크다のように「子音+—」の前の音節がない場合は"〜어〜"を使います。

例文 ① 배가 너무 고파요. お腹がとても空いています。
② 우리 학교 강당이 아주 커요. うちの学校の講堂はとても大きいです。
③ 제가 어제 바빴어요. 私は昨日、忙しかったです。
④ 그 영화는 아주 슬퍼요. その映画はとても悲しいです。

바쁘다, 나쁘다, 고프다 + __아요 ⇒ 바빠요, 나빠요, 고파요
예쁘다, 기쁘다, 크다 + __어요 ⇒ 예뻐요, 기뻐요, 커요

빈칸에 쓰세요. 空欄を埋めましょう。

	-아/어요	-았/었어요	-습/ㅂ니다
바쁘다	바빠요	바빴어요	바쁩니다
기쁘다			기쁩니다
슬프다		슬펐어요	
아프다	아파요		
쓰다			씁니다

알맞게 고쳐 쓰세요. 例にならって直しましょう。

例文 아프다 ➡ 머리가 **아파요**.

① 고프다 ➡ 배가 _____.

② 크다 ➡ 교실이 _____.

잘 듣고 질문에 답하세요. よく聞いて質問に答えましょう。 41

① ① 켄 씨는 주말에 무엇을 하고 싶어합니까?
② 나오코 씨랑 켄 씨는 주말에 만납니까?

② ① 정은 씨와 켄 씨는 어디에 갑니까?
② 정은 씨와 켄 씨는 몇 시에 만납니까?

이야기해 보세요. 話してみましょう。

: 나오코 씨, **이번 주말**에 뭐 하세요?   다음 주 일요일에   내일   모레
: 왜요?
: 저랑 **영화 보시겠어요**?   서점에 가다   대공원에 가다   저녁 식사를 하다

: 저는 주말에 약속이 있어요.
: 그러면 다음에 같이 영화를 봅시다.
: 네, 그래요.

: 네, 좋아요.
: 그럼, 어디에서 만날까요?
: 학교 정문에서 만납시다.
: 네, 좋아요. 몇 시에 만날까요?
: 다섯 시에 만납시다.

다음 글을 읽고 질문에 답하세요. 次の文を読んで質問に答えましょう。

동대문 시장은 아주 큽니다. 그리고 한국에서 가장 유명합니다.

동대문 시장에는 가게가 많이 있습니다. 옷 가게, 신발 가게, 가방 가게가 있습니다. 특히 옷 가게가 많습니다.

동대문 시장은 24시간 문을 엽니다. 백화점은 주로 오후 8시까지 문을 엽니다.

동대문 시장은 물건이 아주 많고 값도 쌉니다. 그래서 동대문 시장에는 사람들이 많습니다. 외국 사람도 많습니다.

동대문 시장은 지하철 동대문운동장역에서 가깝습니다.

1. 동대문 시장에는 어떤 가게가 있습니까?
2. 동대문 시장에 왜 사람들이 많습니까?

여러분 나라의 유명한 시장을 소개해 보세요.
みなさんの国の有名な市場を紹介してみましょう。

🔍 **새로운 단어** 新しい単語

어떤 ● 물건 ● 신발 ● 운동화 ● 구두 ● 치마 ● 바지 ● 머리 ● 식사 ● 문 ●
방학 ● 외국 ● 종로서적 ● 설악산 ● 경주 ● 모레 ● 가장 ● 특히 ● 열다 ●
쓰다 ● 슬프다 ● 기쁘다 ● 아프다 ● 고프다 ● 바쁘다 ● 가깝다 ● 유명하다 ●
그러면

배가 고프다

제 19 과 | 이 운동화 어때요?
このスニーカー、どうですか。

잘 들어 보세요. よく聞きましょう。　42

학습목표

기능
- 물건 사기
- 묘사하기
- 명령하기
- 의견 묻기

문법
- 단위성 명사, -(으)십시오, (명사)어때요?

25,000원

1. 켄 씨는 지금 어디에 있습니까?
2. 켄 씨는 무엇을 사고 싶어합니까?

이야기해 보세요. 話してみましょう。

❶ ___명, ___개, ___병, …… 単位(助数詞)

ものを数えるとき、ものの種類によって数詞の後に付く単位(助数詞)は異なります。例えば、"학생 다섯 명(学生5名)、사과 한 개(りんご1個)、종이 한 장(紙1枚)"などです。

例文
1. 우유 한 잔 牛乳1杯
2. 선생님 두 분 先生お二人
3. 잡지 네 권 雑誌4冊
4. 고양이 일곱 마리 猫7匹
5. 장미 열두 송이 バラ12輪

❶

외국인 세 명/사람
外国人3人

할아버지 두 분
おじいさん2人

강아지 세 마리
子犬3匹

❷

사과 네 개
りんご4個

책 다섯 권
本5冊

우표 두 장
切手2枚

❸

맥주 세 병
ビール3本

커피 두 잔
コーヒー2杯

비빔밥 한 그릇
ビビンパ1杯

❹

자동차 한 대
自動車1台

양말 두 켤레
靴下2足

장미 세 송이
バラ3輪

_____에 알맞은 말을 쓰세요.   _____に適当な言葉を入れましょう。

❶ 디스켓 한 _____, CD 세 _____, 영화표 두 _____

❷ 구두 한 _____, 운동화 두 _____

❸ 선생님 한 _____, 선수 두 _____

❹ 자전거 네 _____, 컴퓨터 세 _____, 텔레비전 두 _____, 세탁기 한 _____

그림을 보고 이야기하세요. 絵を見て話しましょう。

2,000원

- 아주머니, 사과 얼마예요?
- 세 **개**에 이천 원이에요.

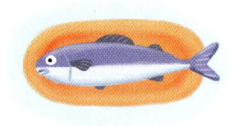

3,000원

① 아주머니, 이 생선 얼마예요?
　_____.

190원

② 아주머니, 우표 얼마예요?
　_____.

200,000원

③ 아주머니, 이 양복 얼마예요?
　_____.

2,000원

④ 아저씨, 이 꽃 얼마예요?
　_____.

❷ [動作動詞](으)십시오 命令形 終結語尾

「〜しなさい/してください」にあたる格式体の命令形終結語尾です。非格式体の命令形終結語尾 "〜(으)세요" に比べて、やや固いニュアンスを持ちます。語幹が子音で終わる動詞には "〜으십시오" を、語幹が母音で終わる動詞には "〜십시오" を使います。

例文
1. 이쪽으로 오십시오. こちらへいらしてください。
2. 여기에 이름을 쓰십시오. ここにお名前をお書きください。
3. 매일 운동을 하십시오. 毎日運動をなさってください。
4. 알맞은 말을 넣으십시오. 適当な言葉を入れてください。

여기 앉으십시오. こちらへおかけください。

___에 알맞은 말을 넣으세요. 例にならって会話を完成させましょう。

> : 사무실이 어디예요?
>
> : 2층으로 **가십시오**.

① : 이 단어를 모르겠어요.
  : _____.

② : 머리가 아파요.
  : _____.

③ : 종로에 어떻게 가요?
  : _____.

④ : 너무 피곤해요.
  : _____.

❸ [名詞] 어때요?

特定の事物や人、または状況について、聞き手の意見を問う表現です。格式体の表現は"어떻습니까?"で、「どうですか、いかがですか」にあたります。

例文　❶ 이 운동화 어때요? このスニーカー、どうですか。
　　　❷ 오늘 시간 어때요? きょう、時間どうですか。
　　　❸ 저 옷은 어떻습니까? あの服はいかがですか。

나오코 씨, 이 운동화 어때요?
直子さん、このスニーカー、どうですか。

좋아요. 멋있어요. いいですね。かっこいいです。

다음 그림을 보고 이야기해 보세요. 次の絵を見て話しましょう。

❶　❷　❸

잘 듣고 질문에 답하세요. よく聞いて質問に答えましょう。 43

1. 나오코 씨랑 왕영 씨는 어디에 갔습니까?
2. 나오코 씨랑 왕영 씨는 왜 이 층에 갔습니까?
3. 나오코 씨는 무엇을 샀습니까?

다음 글을 읽고 질문에 답하세요. 次の文を読んで質問に答えましょう。

나오코 씨는 오늘 동대문 시장에서 부모님 선물을 샀습니다. 아버지 선물은 인삼, 어머니 선물은 지갑을 샀습니다. 그리고 왕영 씨하고 함께 시장 근처 식당에 갔습니다. 그 식당은 냉면이 아주 유명합니다.

나오코 씨랑 왕영 씨는 물냉면 두 그릇을 시켰습니다. 물냉면은 아주 맛있었습니다. 냉면을 먹고 나오코 씨와 왕영 씨는 지하철을 탔습니다. 8시에 나오코 씨의 하숙집에 도착했습니다. 나오코 씨 집에서 두 사람은 커피를 마셨습니다. 그리고 맥주도 두 병 마셨습니다. 두 사람은 이야기를 많이 했습니다. 아주 재미있었습니다.

1. 나오코 씨는 오늘 무엇을 했습니까?
2. 나오코 씨랑 왕영 씨는 하숙집에서 무엇을 했습니까?

다음 그림을 보고 이야기해 보세요. 次の絵と写真を見て、話してみましょう。

① 25,000원　32,000원　20,000원　30,000원

② 55,000원　28,000원　30,000원　70,000원

③ 57,000원　45,000원　65,000원　30,000원

④ 400g 2,000원　5,000원　1개 1,000원　15,000원

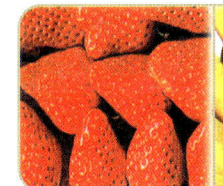

① 어느 가게에 갔습니까?

② 무엇을 샀어요?

③ 얼마입니까?

④ 물건이 마음에 들어요?

여러분은 다음 주에 고향에 돌아갑니다. 그래서 가족 선물을 삽니다. 동대문 시장에서 무엇을 사고 싶습니까? 이야기를 써 보세요.

皆さんは来週故郷に帰るため、家族へのお土産を買います。東大門市場で何を買いたいですか。文章で書いてみましょう。

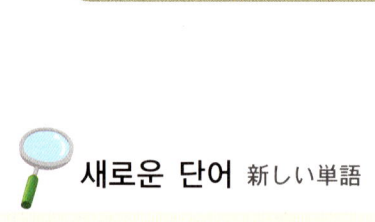

새로운 단어 新しい単語

외국인 ● 아가씨 ● 손님 ● 강아지 ● 생선 ● 우표 ● 영화표 ● 디스켓 ● 양말 ● 한복 ● 양복 ● 장미 ● 맥주 ● 물냉면 ● 인삼 ● 자전거 ● 세탁기 ● 단어 ● 사무실 ● 종로 ● 이야기 ● 함께 ● 들어가다 ● 앉다 ● 타다 ● 모르다 ● 피곤하다 ● 죄송하다

어때요? ● 마음에 들다

제 20 과 | 종합연습
総合練習

문법 文法
(이)랑　　께서
- (으)ㄹ까요?　- (으)ㅂ시다　- 지 않다　- (으)십시오
- (으)시 -　- 겠 -　'ㅡ' 탈락 동사

발음 発音
ㅡ / ㅓ　연음법칙2 連音法則 2

발음 発音

❶ ㅡ / ㅓ

● 읽어 보세요. 読んでみましょう。

| ㅡ | 큽니다 大きいです | 음악 音楽 | 슬픔 悲しみ | 글씨 字 |
| ㅓ | 커요 大きいです | 어른 大人 | 슬퍼요 悲しいです | 거울 鏡 |

● 잘 듣고 맞는 발음을 찾아서 연결하세요. よく聞いて発音が合っているものをつなぎましょう。　44

으　흐　허　음　머리
　로　어　　　　거위
그　　　　하　암　머리
　거　　러　　　그이
구　　르　　　얼
　가　　어　을　무리
　고

❷ 연음법칙2　連音法則2(二重パッチム)　発音規則4

それぞれ違う子音２つからなるパッチムのことを「二重パッチム」といいますが、二重パッチムの後に母音が続くと連音して発音します。その際、パッチムの左側の子音はパッチムとして発音しますが、右側の子音は連音して次音節の初声(頭音)に移して発音します。例えば、"없어요"は[업써요]で、"읽었어요"は[일거써요]と発音します。

例文　앉으세요[안즈세요] 座ってください。　여덟이에요[여덜비에요] 8です。　값은[갑쓴] 値段は

● 읽어 보세요. 読んでみましょう。

교실에 시계가 **없어요**.

시간이 **없어서** 숙제를 못 **했어요**.

여기 **앉으십시오**.

어제 한국 소설을 **읽었어요**.

이 사전은 **값이** 비싸요.

● 잘 듣고 ＿＿에 쓰세요. よく聞いて＿＿に書きましょう。　🎧 45

❶ 여기 ＿＿＿＿＿＿＿＿＿＿＿＿.

❷ 동대문 시장은 옷 ＿＿＿＿＿＿＿ 싸요.

❸ 저는 사전이 ＿＿＿＿＿＿＿＿＿＿＿.

❹ 아버지께서 책을 ＿＿＿＿＿＿＿＿＿＿.

듣기 聞き取り

● 잘 듣고 질문에 답하세요. よく聞いて質問に答えましょう。 46

1. 켄 씨는 지금 어디에 있습니까?
2. 켄 씨는 무엇을 샀습니까?
3. 얼마입니까?

문법 文法

1. _____에 알맞은 말을 〈보기〉에서 골라 쓰세요. ___に適当な言葉を例(보기)の中から選びましょう。

〈보기〉 잔   대   명   분   켤레   마리

1. 집에 강아지가 세 _____ 있어요.
2. 교실에 선생님 한 _____하고 학생 세 _____이 있습니다.
3. 어제 컴퓨터를 한 _____ 샀어요.
4. 저는 하루에 커피를 세 _____ 마셔요.
5. 어제 백화점에서 구두 한 _____를 샀어요.

❷ 다음과 같이 틀린 부분을 찾아 고치세요. 例にならって間違っている部分を正しく直しましょう。

〈보기〉 아기가 <u>예쁘어요</u>. ➡ 예뻐요.

① 저는 지금 바쁘어요.
   ➡

② 머리가 아프었어요. 그래서 약을 먹었어요.
   ➡

③ 우리 반 학생은 모두 일곱 명이에요. 하지만 교실은 너무 크어요.
   ➡

④ 어제 어머니 편지를 받았어요. 그래서 아주 기쁘었어요.
   ➡

⑤ 여러분, 시험지에 이름을 쓰었습니까?
   ➡

❸ 질문에 대답하세요. 質問に答えましょう。

① 비빔밥이 맵습니까?
   – 아니요, _____.

② 그 영화가 재미있어요?
   – 아니요, _____.

③ 어제 저녁에 공부했어요?
   – 아니요, _____.

④ 방이 깨끗해요?
   – 아니요, _____.

⑤ 담배 피우세요?

　– 아니요, _____.

⑥ 술을 좋아하세요?

　– 아니요, _____.

말하기 会話

● 다음 그림을 보고 대화를 만들어 봅시다. 次の絵を見て会話を完成させましょう。

① : 주문하시겠습니까?
　:

② : 뭘 찾으세요?
　:

③ : 어서 오세요.
　:

새로운 단어 新しい単語

여행 ● 하루 ● 약 ● 술 ● 시험지 ● 좀 ● 드리다 ● 괜찮다 ● 튼튼하다 ● 주문하다 ● 좀 깎아 주세요 ● 카드 돼요? ● 담배를 피우다

단어 맞추기 クロスワード

〈가로〉 よこ

1. 우리 집 ○○○○은/는 240-9429입니다.
3. 밤마다 일기를 ○○○에 씁니다.
5. 여러 번
   - 부모님께 ○○ 전화하세요?
   - 네, 매일 해요.
6. ○○○○로/으로 뉴스도 보고 영화도 봅니다.
7. 부모님은 ○○○와/과 어머니입니다.

〈세로〉 たて

2. 일요일, 월요일, ○○○, 수요일, 목요일, 금요일, 토요일
4. 학교 안에 있습니다. 학생들이 여기에 함께 삽니다.
5. 공원에서 아이들이 ○○○을/를 탑니다. 바퀴가 두 개입니다.
7. 학생 식당 ○○○○이/가 아주 친절합니다. 여자입니다.
8. 이 차는 땅 속으로 다닙니다. "이 근처에 ○○○역이 어디 있어요?"

9 - 어디 사세요?
   - 학교 앞 ○○○에 살아요. 친구와 같이 방을 써요.
12 저는 오늘 남대문 ○○에서 구두를 샀습니다.
14 약속 시간에 늦게 왔어요. 친구들에게 이야기합니다. "늦어서 ○○○○○."
17 아파서 병원에 갔습니다. ○○ 선생님을 만났습니다.
19 유명한 한국 음식입니다. 소고기입니다. 외국 사람들도 아주 좋아합니다.
21 돈을 ○○에 넣습니다.

10 사람들이 이곳에서 꽃을 삽니다.
11 선생님, 잘 모르겠습니다. ○○ 이야기해 주세요.
13 정은 씨 생일에 켄 씨가 ○○꽃을 선물했습니다.
15 눈이 아주 나쁩니다. 그래서 ○○을/를 썼습니다.
16 하나, 둘, 셋, 넷, ○○, ……
18 카메라
20 남자들은 치마를 입지 않습니다. ○○을/를 입습니다.

회사와 직업　会社と職業

문 ドア	**자동판매기** 自動販売機	**소파** ソファー
화이트보드 ホワイトボード	**마커펜** マーカーペン	**전화** 電話
모니터 モニター	**컴퓨터** コンピューター	**키보드** キーボード

선생님 先生 　　　학생 学生 　　　회사원 会社員

경찰관 警察官 　　　소방관 消防士 　　　변호사 弁護士

의사 医者 　　　간호사 看護士 　　　스튜어디스 スチュワーデス

화가 画家 　　　작가 作家 　　　연예인 芸能人

제 20과 종합 연습

模範解答

入門編

page 15

	ㅏ	ㅓ	ㅗ	ㅜ	ㅡ	ㅣ	ㅐ	ㅔ	ㅚ	ㅟ
ㄱ	**가**	거	고	구	그	기	개	게	괴	귀
ㄴ	나	너	노	누	느	니	내	네	뇌	뉘
ㄷ	다	더	도	두	드	디	대	데	되	**뒤**
ㄹ	라	러	로	루	르	리	래	레	뢰	뤼
ㅁ	마	머	모	무	므	미	매	메	뫼	뮈
ㅂ	바	버	보	부	브	비	배	베	뵈	뷔
ㅅ	사	서	소	수	스	시	**새**	세	쇠	쉬
ㅇ	아	어	오	우	으	이	애	에	외	위
ㅈ	자	저	조	주	즈	지	재	제	**죄**	쥐
ㅊ	차	처	초	추	츠	치	채	체	최	취
ㅋ	카	커	코	쿠	크	키	캐	케	쾨	퀴
ㅌ	타	터	토	투	트	티	태	테	퇴	튀
ㅍ	파	퍼	포	푸	프	**피**	패	페	푀	퓌
ㅎ	하	허	호	후	흐	히	해	헤	회	휘
ㄲ	까	꺼	꼬	꾸	끄	끼	깨	께	꾀	뀌
ㄸ	따	떠	또	뚜	뜨	띠	때	떼	뙤	뛰
ㅃ	빠	뻐	뽀	뿌	쁘	삐	빼	뻬	뾔	쀠
ㅆ	싸	써	쏘	쑤	**쓰**	씨	쌔	쎄	쐬	쒸
ㅉ	**짜**	쩌	쪼	쭈	쯔	찌	째	쩨	쬐	쮜

page 18

❶ 공항, 머리, 손수건, 한국어, 할아버지
❷ 극장, 기차, 아내, 지도, 태권도
❸ 대학교, 딸, 사진, 선생님, 카메라
❹ 바다, 발, 백화점, 우체국, 창문
❺ 남자, 눈, 수박, 신문, 전화

page 20

장소(場所)
① 공항　② 극장　③ 학교　④ 도서관
⑤ 백화점　⑥ 병원　⑦ 시청　⑧ 식당
⑨ 약국　⑩ 은행　⑪ 우체국　⑫ 교회

몸(身体)
① 머리　② 눈　③ 귀　④ 얼굴
⑤ 턱　⑥ 이마　⑦ 코　⑧ 입
⑨ 목　⑩ 팔　⑪ 손　⑫ 배
⑬ 다리　⑭ 발

page 21

교실(教室)
① 지우개　② 책　③ 학생　④ 시계
⑤ 칠판　⑥ 창문　⑦ 연필　⑧ 선생님
⑨ 의자　⑩ 공책　⑪ 책상　⑫ 가방

한국(韓国)
① 한글　② 한복　③ 불고기　④ 서울
⑤ 태극기　⑥ 태권도　⑦ 김치　⑧ 인삼
⑨ 한강

page 22

가족(家族)
① 할아버지　② 할머니　③ 외할아버지　④ 외할머니
⑤ 아버지　⑥ 어머니　⑦ 오빠　⑧ 언니
⑨ 남동생　⑩ 형　⑪ 누나　⑫ 여동생
⑬ 남편　⑭ 아내　⑮ 아들　⑯ 딸

page 23

소풍(ピクニック)
① 해　② 비행기　③ 산　④ 새
⑤ 자동차　⑥ 기차　⑦ 소　⑧ 잎
⑨ 우산　⑩ 바지　⑪ 맥주　⑫ 수박
⑬ 빵　⑭ 사과　⑮ 신문　⑯ 카메라
⑰ 고양이　⑱ 하늘　⑲ 젓가락　⑳ 양말

㉑ 컵　　㉒ 과자　　㉓ 손수건　　㉔ 나무
㉕ 치마　　㉖ 꽃

제1과

page 26
① 나오코입니다.
② 일본에서 왔습니다.

page 29
① 모리오카 켄입니다.
② 일본 오사카에서 왔어요.
③ 이태원에 살아요.

제2과

page 31
① 학교입니다.　　② 도서관입니다.
③ 교실입니다.　　④ 학생 식당입니다.
⑤ 우체국입니다.　　⑥ 운동장입니다.

page 34
① 왕영 씨입니까? – 네, 왕영 씨입니다.
② 켄 씨입니까? – 네, 켄 씨입니다.
③ 나오코 씨입니까? – 네, 나오코 씨입니다.
④ 김진우 선생님입니까? – 네, 김진우 선생님입니다.
⑤ 모하메드 씨입니까? – 네, 모하메드 씨입니다.

page 35
① 선생님<u>이</u> 누구입니까?　　② 운동장<u>이</u> 어디입니까?
③ 이름<u>이</u> 뭐예요?　　④ 저기<u>가</u> 우체국입니다.
⑤ 여기<u>가</u> 은행입니다.　　⑥ 학생 식당<u>이</u> 어디입니까?

page 36
① 여기가 도서관입니다.
② 여기가 교실입니다.
③ 여기가 운동장입니다.
④ 여기가 우체국입니다.
⑤ 여기가 학교입니다.

page 37
① ①　　② ⑤　　③ ②
④ ④　　⑤ ⑥　　⑥ ③

제3과

page 38
① 교실입니다.
② ① 칠판입니다.　　② 책상입니다.
　 ③ 의자입니다.　　④ 창문입니다.
　 ⑤ 시계입니다.　　⑥ 가방입니다.
　 ⑦ 책입니다.　　⑧ 공책입니다.
　 ⑨ 연필입니다.　　⑩ 지우개입니다.

page 40
① 이것이 무엇입니까? – 공책입니다(노트입니다).
② 이것이 무엇입니까? – 꽃입니다(장미꽃입니다).

page 42
이 사람<u>은</u> 정은 씨입니다. / 이 사람<u>이</u> 정은 씨입니다.
정은 씨<u>는</u> 내 친구입니다.
이 친구<u>는</u> 대학생입니다.

page 43
① 라　　　② 나　　　③ 다

page 44
① _ ① 모하메드 씨입니다.
　　② 파키스탄 사람입니다.
② _ ① 교실입니다.
　　② 김진우 선생님입니다.

제 4과

page 46
① 이태원입니다.
② 학교 근처입니다.

page 47
① [動詞]습니다/ㅂ니다
[動詞]습니다
① 많습니다　　② 적습니다
③ 없습니다　　④ 있습니다
[動詞]ㅂ니다
① 옵니다　　② 가르칩니다
③ 질문합니다　　④ 잡니다

page 49
① 모하메드 씨가 옵니까?
② 책상이 많습니까?
③ 의자가 큽니까?

page 51
① 교실에 시계가 있습니다. (○)
② 교실에 선생님이 없습니다. (×)
③ 교실에 가방이 많습니다. (×)

page 52
① _ ① 네, 학생입니다.
　　② 하숙집에 살아요.
② _ ① 회기동에 있습니다.
　　② 혜화동에 있습니다.

제 5과

page 54
① _ 가 거 상 난 알 덤 접 러 만 박 캇 찬 하 펌 탁

② _ ① 이름이 무엇입니까?
　　② 저는 하숙집에 살아요.
　　③ 교실이 어디에 있습니까?

page 56
① _ ① (라)　　② (다)　　③ (나)

② _ 왕영 : 안녕하세요? 제 이름은 왕영입니다.
　　나오코 : 저 나오코입니다. 만나서 반갑습니다.
　　왕영 : 나오코 씨는 어디에서 왔어요?
　　나오코 : 일본에서 왔습니다. 왕영 씨는요?
　　왕영 : 저는 중국 베이징에서 왔어요.
　　　　　나오코 씨는 지금 어디에 살아요?
　　나오코 : 학교 근처에 살아요.

page 57
켄　　　 : 안녕하세요? 제 이름은 켄입니다.
　　　　　저는 학생입니다.
모하메드 : 안녕하세요? 저는 모하메드입니다.
　　　　　켄 씨 집이(켄 씨 집은) 어디에 있습니까?
켄　　　 : 제 집은 이태원에 있습니다.

모하메드 : 켄 씨 부모님은(부모님이) 한국에 계십니까?
켄 : 아니요, 일본에 계십니다.
　　　　모하메드 씨 집은(모하메드 씨 집이) 어디입니까?
모하메드 : 저는 기숙사에 살아요.

제 6 과

page 62
1. 정은 씨 생일입니다.
2. 경희대학교 병원 옆에 있습니다.

page 63
1. ② 고양이가 의자 뒤에 있습니다.
   ③ 고양이가 의자 위에 있습니다.
   ⑥ 고양이가 의자 오른쪽에 있습니다.

page 64
여기가 제 방입니다.
제 방에는 책상, 책꽂이, 옷장, 침대가 있습니다.
책상 위에는 컴퓨터가 있습니다.
창문 왼쪽에 시계가 있습니다.
오른쪽에는 가족 사진이 있습니다.
책꽂이 옆 / 침대 옆에는 꽃이 있습니다.
제 방은 아주 깨끗합니다.

page 65
1. [動作動詞]으세요/세요

[動作動詞] 으 세 요
① 앉으세요　② 찾으세요
③ 씻으세요

[動作動詞] 세 요
① 보세요　② 그리세요
③ 공부하세요

page 66
1. 경희대학교 병원 근처에 있습니다.
2. 우체국이 있습니다.

제 7 과

page 68
1. 정은 씨 집입니다.
2. 꽃입니다.

page 69
1. [名詞]이/가 아닙니다
① 아니요, 포도가 아닙니다. 사과입니다.
② 아니요, 학교가 아닙니다. 우체국입니다.

2. [動詞]아요/어요/해요

[動詞] 아 요
① 작아요　② 비싸요
③ 와요　④ 봐요

[動詞] 어 요
① 웃어요　② 울어요
③ 맛있어요　④ 마셔요

[動詞] 해 요
① 사랑해요　② 운동해요
③ 깨끗해요　④ 생각해요

3. [名詞]이에요/예요
① 김진우 선생님이에요.
② 아니요, 사과가 아니에요. 바나나예요.

page 73
1. ① 아니요, 선생님이 아닙니다. 의사입니다.
   ② 네, 대학생입니다.
2. 정은 씨 생일이에요.

제 8 과

page 76
비빔밥을 좋아해요.

page 78
1. 빵을 먹어요.
2. 커피를 마셔요.
3. 숙제를 해요.
4. 친구를 만나요.
5. 꽃을 사요.
6. 옷을 입어요.

page 78
1. 켄 씨는 저녁을 먹어요.
2. 켄 씨는 신문을 읽어요.
3. 나오코 씨는 텔레비전을 봐요.
4. 켄 씨는 수영을 해요(운동을 해요).

page 80
1. 무슨 음식을 좋아하세요?
2. 한국 신문을 읽으세요?
3. 회사에 다니세요?

page 82
1. 학생 식당입니다.
2. 비빔밥입니다.
3. 학생 식당 음식이 싸고 맛있습니다.

제 9 과

page 84
1. 켄 씨, 정은 씨, 정은 씨 아버지, 정은 씨 어머니가 있어요.
2. 네, 정은 씨 펜팔 친구예요.

page 86
1. 학생 식당 …… 점심을 먹어요.
2. 은행 …… 돈을 찾아요.
3. 학교 …… 한국어를 배워요.
4. 우체국 …… 편지를 보내요.
5. 옷 가게 …… 옷을 사요.

page 88
1. 켄 씨는 운동장에 있습니다.
2. 야구공은 작습니다.
3. 야구는 싫어합니다.

page 88
1. 나오코 씨하고 정은 씨 어머니가 이야기해요.
2. 정은 씨 집이에요.

page 89
1. 정은 씨 집 거실에서 파티를 합니다.
2. 불고기하고 잡채를 먹습니다.
3. 켄 씨가 노래를 부릅니다.

page 90

있다	없다	크다	작다
맛있다	맛없다	**덥다**	**춥다**
재미있다	재미없다	쉽다	**어렵다**
알다	모르다	**싸다**	비싸다
좋아하다	**싫어하다**	많다	**작다**

제 10 과

page 91

1 ㅓ/ㅗ
1. 정은 씨는 봄을 좋아해요.
2. 거리에 사람이 없어요.
3. 섬에 가세요.

※ 거-노-도-러-머-버-소-어-조-초-커-터-퍼-호

2 "ㅎ"탈락
1. 무슨 음식을 좋아해요?
2. 저는 운동을 싫어해요.
3. 지하철에 사람이 많아요.

page 93

1
1. 이것은 책상이 아닙니다.
2. 저는 대학교에 다닙니다.
3. 켄 씨는(켄 씨가) 학교에서 무엇을 공부해요?
4. 저는 김치하고 불고기를 좋아해요.
5. 교실에서 한국어를 배웁니다.
6. 식탁 위에 비빔밥하고 잡채가 있어요.

2

	-아요/어요	-(으)세요
앉다	앉아요	앉으세요
가다	**가요**	**가세요**
오다	**와요**	오세요
가르치다	**가르쳐요**	**가르치세요**
배우다	**배워요**	**배우세요**
읽다	읽어요	**읽으세요**
따라하다	**따라해요**	**따라하세요**
공부하다	**공부해요**	**공부하세요**
먹다	먹어요	드세요/잡수세요
자다	**자요**	주무세요
있다	**있어요**	계세요

page 94

1. 아니요, 왕영 씨 생일은 내일이에요.
2. 학교 앞 카페에서 해요.
3. 선생님하고 초급 반 학생들이 파티에 와요.

제 11 과

page 98

1. 서점을 찾아요(서점하고 컴퓨터실을 찾아요).
2. 오 층에 있어요.

page 99

1. 십일
2. 이십사
3. 오십칠
4. 팔십구
5. 백삼십육
6. 이백구십삼
7. 오백사십칠
8. 칠백십팔

page 100

1. 구류일에 공공팔일(영영팔일)
2. 사이삼에 팔칠오륙
3. 구공공에(구영영에) 팔칠이일
4. 팔구팔에 칠팔구공(칠팔구영)
5. 삼이팔에 사오구삼
6. 육이사에 사구팔일
7. 공일공(영일영) 사이팔에 이공오공(이영오영)
8. 공일륙(영일륙) 삼사이에 팔구칠공(팔구칠영)
9. 공삼일(영삼일) 팔륙팔에 일오이삼

page 100

1. 네/⟨아니요⟩
2. ⟨네⟩/아니요
3. ⟨네⟩/아니요
4. 네/⟨아니요⟩
5. 네/⟨아니요⟩

page 101

1. 왕영 씨 방은 몇 호입니까? – 백삼 호입니다.
2. 재은 씨 방은 몇 호입니까? – 이백육 호입니다.
3. 모하메드 씨 방은 몇 호입니까? – 삼백십이 호입니다.
4. 백이 호에 누가 삽니까? – 테레사 씨가 삽니다.
5. 이백칠 호에 누가 삽니까? – 하스미 씨가 삽니다.
6. 삼백십일 호에 누가 삽니까? – 마사키 씨가 삽니다.

page 103

1. 이백칠 호에 하스미 씨도 삽니다.
2. 성호 씨는 비빔밥도 좋아합니다.
3. 켄 씨는 왕영 씨도 만납니다.
4. 거실에도 텔레비전이 있습니다.

page 104

1. 십오 층에 있어요.　　2. 지하에 있어요.

page 104

1. 학생회관 삼 층에 있습니다.
2. 우체국하고 은행이 있습니다.
3. 책을 읽습니다.

page 105

2. 왼쪽으로 가세요.
4. 위로 올라가세요(위로 가세요).

제 12 과

page 107

1. 서점입니다.
2. 사전을 삽니다.

page 109

1. 이천이
2. 팔천칠백이십
3. 오만 육천백사
4. 삼만 이천백구십칠
5. 사십오만 천칠백구십칠
6. 십만 십
7. 구백십오만 육천백구십일
8. 삼백만
9. 천오백팔십구만 삼천백이십삼
10. 사천백삼십오만 육천

page 110

1. 89,900
2. 111,300
3. 45,000,000

page 110

1. 이 컵 얼마예요? – 육천구백 원이에요.
2. 이 우산 얼마예요? – 만 구천 원이에요.
3. 이 공 얼마예요? – 사만 구천백 원이에요.
4. 이 전화기 얼마예요? – 십육만 팔천 원이에요.
5. 이 노트북 얼마예요? – 이백삼십오만 원이에요.
6. 이 자동차 얼마예요? – 천구백칠십만 원이에요.

page 113

1, 3

제 13 과

page 114
일요일에 영화를 봤어요.

page 116
①
① 이번 주 일요일은 며칠이에요? – 15일이에요.
② 다음 주 수요일은 며칠이에요? – 25일이에요.

②
① 5월 1일은 무슨 요일이에요? – 일요일이에요.
② 5월 6일은 무슨 요일이에요? – 금요일이에요.
③ 5월 30일은 무슨 요일이에요? – 월요일이에요.

page 120

알다	알았어요	알았습니다	놀다	**놀았어요**	**놀았습니다**
닫다	**닫았어요**	**닫았습니다**	보다	봤어요	**봤습니다**
가다	**갔어요**	**갔습니다**	오다	**왔어요**	**왔습니다**
없다	없었어요	없었습니다	배우다	**배웠어요**	**배웠습니다**
맛있다	**맛있어요**	**맛있습니다**	가르치다	**가르쳤어요**	가르쳤습니다
보내다	**보냈어요**	**보냈습니다**	주무시다	**주무셨어요**	**주무셨습니다**
공부하다	공부했어요	공부했습니다	좋아하다	**좋아했어요**	**좋아했습니다**
생각하다	**생각했어요**	**생각했습니다**	싫어하다	싫어했어요	**싫어했습니다**
친절하다	**친절했어요**	**친절했습니다**	일하다	**일했어요**	일했습니다

page 121
① 지난 일요일에 친구를 만났어요 / 만났습니다.
친구하고 같이 영화를 봤어요 / 봤습니다.
영화가 아주 재미있었어요 / 재미있었습니다.
저녁에는 친구하고 같이 커피를 마셨어요 / 마셨습니다.
② 어제 오전에 도우미하고 도서관에서 공부했어요/공부했습니다.
오후에는 동대문 시장에 갔어요 / 갔습니다.
거기에서 바지를 샀어요 / 샀습니다.
시계도 샀어요/샀습니다. 저녁에는 시장에서 라면을 먹었어요 / 먹었습니다.

page 122
① 동생 선물을 샀습니다(우산을 샀습니다).
② 생일 잔치를 했습니다.

page 123

일월 **이월 삼월 사월** 오월 **유월 칠월 팔월 구월** 시월 **십일월십이월**

월요일 **화요일 수요일** 목요일 **금요일 토요일** 일요일

제 14 과

page 124
① 열두 시에 약속이 있어요.
② 도우미를 만나요.

page 128
① 네 시 삼십 분입니다(네 시 반입니다).
② 여덟 시 사십오 분입니다(아홉 시 십오 분 전입니다).
③ 열 시 십 분입니다.
④ 열한 시 십오 분입니다.
⑤ 여섯 시 이십오 분입니다.
⑥ 열두 시 오십오 분입니다(한 시 오 분 전입니다).

page 128

🎤 page 129

① 여섯 시 삼십 분에 일어나요(여섯 시 반에 일어나요).
② 아홉 시에 학교에 도착해요.
③ 열두 시에 수업이 끝나요.
④ 한 시에 공부해요.
⑤ 수영을 해요.

🍀 page 130

① 7시 30분에 집에서 나왔습니다.
② 학교 근처 지하철 역에서 만났습니다.

제 15 과

page 132

① ㅜ/ㅡ
① 상우는 우리 집을 모릅니다.
② 그 국수는 뜨겁습니다.
③ 종이에 그림을 그렸습니다.
④ 누나는 눈이 예쁩니다.

● 웃음 극장 둘 술 들 북 구름 겨울 거울

② 중화(음소의 대립이 해소되는 현상)
① 앞뒤를 잘 보세요.
② 나무가 많습니다. 꽃도 많습니다.

③ 자주 목을 움직이세요.
④ 아기가 작습니다. 아주 귀엽습니다.

🎧 page 134

① 듣기 시험을 봅니다.
② 오늘 다섯 시에 만납니다.
③ 한국어 연습을 하고 싶습니다.

📚 page 134

저는 **지난 주 일요일에** 친구하고 같이
서울 대공원에 갔어요.
학교 앞에서 친구를 만났어요.
가게에서 필름을 샀어요.
대공원에 사람이 많았어요.
우리는 사진을 많이 찍었어요.
재미있게 놀았어요.

📚 page 135

① 컵이 두 개 있어요. 삼천사백 원이에요.
② 시계가 한 개 있어요. 만 사천구백 원이에요.
③ 볼펜이 열두 개 있어요. 삼천팔백 원이에요.
④ 의자가 네 개 있어요. 구만 육천 원이에요.
⑤ 바나나가 세 개 있어요. 이천 원이에요.

제 16 과

🎧 page 140

① 아니요, 안 먹었습니다.
② 학교 밖으로 나갑니다.

🎭 page 143

① 나오코 씨, 같이 우체국에 갈까요?
  – 좋아요. 같이 갑시다.

❷ 나오코 씨, 같이 도서관에서 공부할까요?
　– 좋아요. 같이 공부합시다.
❸ 나오코 씨, 같이 사진을 찍을까요?
　– 좋아요. 같이 찍읍시다.
❹ 정은 씨, 같이 커피를 마실까요?
　– 좋아요. 같이 마십시다.

page 146
❶ 아니요, 켄 씨는 학교에 안 갔어요.
❷ 아니요, 아침에 신문을 안 읽었어요.
❸ 아니요, 오늘 날씨는 안 춥습니다.
❹ 아니요, 어제 숙제 안 했어요.

page 148
❶ 아니요, 어렵지 않습니다.
　아니요, 많지 않아요.
❷ 아니요, 보내지 않았어요.
　아니요, 전화하지 않았습니다.

page 150
❶ 한국 친구 집에 갔습니다.
❷ 불고기하고 된장찌개를 먹었습니다.

제 17 과

page 152
❶ 불고기를 먹고 싶어합니다.
❷ 불고기 이인분을 시켰습니다.

page 155
오늘은 가족들이 모두 집에 있습니다.
할아버지께서 신문을 읽으십니다.
할머니께서 과일을 드십니다 / 잡수십니다.
아버지께서 차를 드십니다.
어머니께서 방에서 주무십니다.
저는 동생과 같이 컴퓨터 게임을 합니다.

page 156
토요일에는 친구와 같이 도서관에서 공부하겠습니다.
일요일 오전에 등산을 가겠습니다.
일요일 오후에 집에서 쉬겠습니다.
일요일 밤에 숙제를 하겠습니다.

page 158
❶ 라면입니다.
❷ 먼저 물을 끓입니다. 그리고 라면을 넣습니다.

제 18 과

page 160
❶ 동대문 시장에 가요.
❷ 구두를 사고 싶어해요.

page 162
❶ 운동화랑 바지를 샀어요.
❷ 모하메드 씨랑 왕영 씨가 안 왔어요.
❸ 경주랑 설악산에 갔어요.
❹ 냉면이랑 갈비를 먹고 싶어요.

page 163

	–아요/어요	–았/었어요	–습/ㅂ니다
바쁘다	바빠요	바빴어요	바쁩니다
기쁘다	**기뻐요**	**기뻤어요**	기쁩니다
슬프다	**슬퍼요**	슬펐어요	**슬픕니다**
아프다	아파요	**아팠어요**	**아픕니다**
쓰다	**써요**	**썼어요**	씁니다

page 163
1. 배가 고파요.
2. 교실이 커요.

page 163
1
1. 나오코 씨랑 같이 영화를 보고 싶어합니다.
2. 아니요, 안 만납니다(만나지 않습니다).

2
1. 극장에 갑니다.
2. 여섯 시에 만납니다.

page 165
1. 옷 가게, 신발 가게, 가방 가게가 있습니다.
2. 동대문 시장은 물건이 아주 많고 값도 쌉니다.

제 19 과

page 167
1. 신발 가게에 있습니다.
2. 운동화를 사고 싶어합니다.

page 169
1. 디스켓 한 장, CD 세 장, 영화표 두 장
2. 구두 한 켤레, 운동화 두 켤레
3. 선생님 한 분, 선수 두 명
4. 자전거 네 대, 컴퓨터 세 대, 텔레비전 두 대, 세탁기 한 대

page 170
1. 한 마리에 삼천 원이에요.
2. 한 장에 백구십 원이에요.
3. 한 벌에 이십만 원이에요.
4. 세 송이에 이천 원이에요.

page 172
1. 사전을 찾으십시오(한국 친구에게 물어 보십시오)
2. 약을 드십시오
3. 버스를 타십시오
4. 좀 쉬십시오

page 173
1. 나오코 씨, 저 가수 어때요? - 좋아요. 멋있어요.
2. 나오코 씨, 저 한복 어때요? - 좋아요. 예뻐요.
3. 나오코 씨, 이 팔찌 어때요? - 좋아요. 하지만 너무 비싸요.

page 174
1. 옷 가게에 갔습니다.
2. 그 바지 가게에는 남자 바지만 있습니다. 여자 바지는 이층에 있습니다.
3. 바지를 샀습니다.

page 174
1. 동대문 시장에서 부모님 선물을 샀습니다.
   왕영 씨랑 식당에 갔습니다. 함께 물냉면을 먹었습니다. 왕영 씨랑 지하철을 탔습니다.
   왕영 씨랑 함께 하숙집에 왔습니다.
2. 커피랑 맥주를 마셨습니다. 그리고 이야기를 많이 했습니다.

제 20 과

page 177

❶ —/ㅓ
- 구 거 으 로 허 을 러 얼 거위 머리 무리

❷ 연음법칙 2
① 여기 앉으세요.
② 동대문 시장은 옷 값이 싸요.
③ 저는 사전이 없어요.
④ 아버지께서 책을 읽으십니다.

page 179

① 가방 가게에 있습니다.
② 여행 가방을 샀습니다.
③ 오만 원입니다.

page 179

1.
① 집에 강아지가 세 마리 있어요.
② 교실에 선생님 한 분하고 학생 세 명이 있습니다.
③ 어제 컴퓨터를 한 대 샀어요.
④ 저는 하루에 커피를 세 잔 마셔요.
⑤ 어제 백화점에서 구두 한 켤레를 샀어요.

2.
① 바쁘어요 → 바빠요
② 아프었어요 → 아팠어요
③ 크어요 → 커요
④ 기쁘었어요 → 기뻤어요
⑤ 쓰었습니까 → 썼습니까

3.
① 아니요, 안 맵습니다(맵지 않습니다).
② 아니요, 재미없어요.
③ 아니요, 공부 안 했어요(공부하지 않았어요).
④ 아니요, 안 깨끗해요(깨끗하지 않아요).
⑤ 아니요, 안 피워요(피우지 않아요).
⑥ 아니요, 안 좋아해요(좋아하지 않아요).

page 182

	1전	2화	번	호				5자	주
		요			6텔	레	비	전	
		3일	4기	장				거	
			숙		7아	버	8지		10꽃
11다			사		주		9하	숙	집
12시	13장				머		철		
	14미	15안	합	니	16다		17의	18사	
20바		경			섯			진	
21지	갑					19불	고	기	

〈가로〉
1. 전화 번호   3. 일기장   5. 자주
6. 텔레비전   7. 아버지   9. 하숙집
12. 시장   14. 미안합니다   17. 의사
19. 불고기   21. 지갑

〈세로〉
2. 화요일   4. 기숙사   5. 자전거
7. 아주머니   8. 지하철   10. 꽃집
11. 다시   13. 장미   15. 안경
16. 다섯   18. 사진기   20. 바지

聞き取りスクリプト

제 1 과

🎧 page 25

① 켄　　：안녕하세요?
② 정은　：안녕하세요? 저는 이정은입니다.
　 켄　　：저는 켄입니다.
③ 켄　　：고맙습니다.
④ 켄　　：어! 죄송합니다.

page 26

성호　：안녕하세요? 이름이 뭐예요?
나오코：안녕하세요? 제 이름은 나오코입니다.
성호　：어디에서 왔어요?
나오코：저는 일본에서 왔습니다.
성호　：만나서 반갑습니다.
나오코：네, 반갑습니다.

제 2 과

🎧 page 30

① 여기가 학교입니다.
② 여기가 도서관입니다.
③ 여기가 교실입니다.
④ 저기가 어디입니까? – 학생 식당입니다.
⑤ 저기가 어디입니까? – 우체국입니다.
⑥ 저기가 어디입니까? – 운동장입니다.

第 1 課

🎧 page 25

① 健　　　：こんにちは。
② ジョンウン：こんにちは。私はイ・ジョンウンです。
　 健　　　：私は健です。
③ 健　　　：ありがとうございます。
④ 健　　　：あっ! すみません。

page 26

ソンホ：こんにちは。お名前は？
直　子：こんにちは。私の名前は直子です。
ソンホ：どこから来ましたか。
直　子：私は日本から来ました。
ソンホ：お会いできてうれしいです。
直　子：ええ、私もです。

第 2 課

🎧 page 30

① ここが学校です。
② ここが図書館です。
③ ここが教室です。
④ あそこは何ですか。―学生食堂です。
⑤ あそこは何ですか。―郵便局です。
⑥ あそこは何ですか。―運動場です。

제 3 과 / 第 3 課

page 38

나오코 : 켄 씨, 이게 한국말로 뭐예요?
켄 　　: 잘 모르겠어요. 선생님, 이것이 무엇입니까?
선생님 : 가방입니다.
켄 　　: 선생님, 저건 한국말로 뭐예요?
선생님 : 저것은 시계입니다.

page 43

가. － 저기는 어디입니까?
　　 － 저기는 도서관입니다.
나. － 이 사람은 제 남자 친구입니다.
　　　 제 남자 친구는 미국 사람입니다.
다. － 이것은 제 여자 친구 사진입니다.
　　　 제 여자 친구는 중국 사람입니다.
라. － 이것은 무엇입니까?
　　 － 책상입니다.

page 38 (第3課)

直　子 : 健さん、これは韓国語で何と言いますか。
健 　　: よくわかりません。先生、これは何ですか。
先　生 : かばんです。
健 　　: 先生、あれは韓国語で何と言いますか。
先　生 : あれは時計です。

page 43

가． － あそこは何ですか。
　　 － あそこは図書館です。
나． － この人は私の彼です。
　　　 私の彼はアメリカ人です。
다． － これは、私の彼女の写真です。
　　　 私の彼女は中国人です。
라． － これは何ですか。
　　 － 机です。

제 4 과 / 第 4 課

page 46

나오코 : 켄 씨, 집이 어디에 있습니까?
켄 　　: 이태원에 있습니다.
　　　　 나오코 씨 집은 어디에 있습니까?
나오코 : 학교 근처에 있습니다.
켄 　　: 나오코 씨 부모님이 한국에 계십니까?
나오코 : 아니요, 제 부모님은 일본에 계십니다.

page 51

❶ 켄 씨가 교실에 있습니다.
❷ 교실에 시계가 있습니다.
❸ 교실에 선생님이 없습니다.
❹ 교실에 가방이 많습니다.

page 46

直　子 : 健さん、家はどこにありますか。
健 　　: イテウォン(梨泰院)にあります。直子さんの家はどこにありますか。
直　子 : 学校の近くにあります。
健 　　: 直子さんのご両親は韓国にいらっしゃいますか。
直　子 : いいえ、私の両親は日本にいます。

page 51

❶ 健さんが教室にいます。
❷ 教室に時計があります。
❸ 教室に先生がいません。
❹ 教室にカバンがたくさんあります。

제 5 과

page 54

❶ 가 거 상 난 알 덤 접 러 만 박 캇
   찬 하 펌 탁

page 55

❶ <u>이름이</u> 무엇입니까?
❷ 저는 <u>하숙집에</u> 살아요.
❸ <u>교실이</u> 어디에 있습니까?

page 56

❶ 가. – 안녕하세요? 제 이름은 켄입니다.
       일본 오사카에서 왔어요. 만나서 반갑습니다.
     – 안녕하십니까? 저는 나오코입니다.
       도쿄에서 왔습니다. 만나서 반가워요.
  나. – 안녕히 가세요.
     – 안녕히 계세요.
  다. – 선생님, 질문이 있습니다. 이것이 한국말로 무엇입니까?
     – 우산입니다.
  라. – 실례합니다. 도서관이 어디에 있습니까?
     – 저기에 있습니다.
     – 고맙습니다.

❷ 왕 영 : <u>안녕하세요?</u> 제 이름은 왕영입니다.
   나오코 : 저는 나오코입니다. <u>만나서 반갑습니다.</u>
   왕 영 : 나오코 씨는 <u>어디에서 왔어요?</u>
   나오코 : 일본 도쿄에서 왔습니다. 왕영 씨는요?
   왕 영 : <u>저는 중국 베이징에서 왔어요.</u>
           나오코 씨는 지금 <u>어디에 살아요?</u>
   나오코 : <u>학교 근처에 살아요.</u>

第 5 課

page 55

❶ <u>名前は</u>何といいますか。
❷ 私は<u>下宿に</u>住んでいます。
❸ <u>教室は</u>どこにありますか。

page 56

❶ 가. – こんにちは。私の名前は健です。日本の大阪から来ました。お会いできて嬉しいです。
     – こんにちは。私は直子です。東京から来ました。お会いできて嬉しいです。
  나. – さようなら。
     – さようなら。
  다. – 先生、質問があります。これは韓国語で何ですか。
     – 傘です。
  라. – すみません、図書館はどこにありますか。
     – あそこにあります。
     – ありがとうございます。

❷ 王 英：<u>こんにちは。</u>私の名前は王英です。
   直 子：私は直子です。<u>お会いできて嬉しいです。</u>
   王 英：直子さんは<u>どこから来ましたか。</u>
   直 子：日本の東京から来ました。王英さんは？
   王 英：私は中国の北京から<u>来ました。</u>直子さんは今、<u>どこに住んでいますか。</u>
   直 子：<u>学校の近くに住んでいます。</u>

제 6 과

🎧 page 62

정은: 켄 씨, 내일 시간 있습니까?
켄　: 네, 내일 시간 있습니다. 왜요?
정은: 우리 집에 오세요. 내일이 제 생일입니다.
켄　: 아, 그래요? 축하합니다.
　　　정은 씨 집이 어디입니까?
정은: 경희대학교 병원 옆에 있습니다.

제 7 과

🎧 page 68

(딩동)
정은　: 누구세요?
켄　　: 켄이에요.
정은　: 잠깐만요.
(덜커덩)
켄　　: 생일 축하해요. 이 꽃 받으세요.
정은　: 고마워요.

정은　: 인사하세요. 제 어머니입니다.
켄　　: 안녕하세요? 저는 켄입니다.
어머니: 어서 오세요. 반갑습니다.

第6課

🎧 page 62

ジョンウン：健さん、明日、時間ありますか。
健　　　：はい。明日、時間があります。どうしてですか。
ジョンウン：私の家に来てください。明日は私の誕生日です。
健　　　：あ、そうですか。おめでとうございます。ジョンウンさんの家はどこですか。
ジョンウン：慶熙大学病院の横にあります。

第7課

🎧 page 68

(ピンポーンとベルが鳴る音)
ジョンウン：どちら様ですか。
健　　　：健です。
ジョンウン：ちょっと待ってください。
(がちゃっとドアを開ける音)
健　　　：お誕生日おめでとう。この花をどうぞ。
ジョンウン：ありがとう。

ジョンウン：挨拶してください。私の母です。
健　　　：こんにちは。私は健です。
母　　　：いらっしゃい。お会いできて嬉しいです。

제 8 과

🎧 page 76

정은 : 켄 씨, 한국 음식을 좋아하세요?
켄　 : 네, 한국 음식을 좋아해요.
정은 : 무슨 음식을 좋아하세요?
켄　 : 비빔밥을 좋아해요.

제 9 과

🎧 page 84

켄　　 : 정은 씨하고 저는 펜팔 친구입니다.
어머니 : 아, 그래요? 켄 씨는 어디에서 왔어요?
켄　　 : 일본 오사카에서 왔습니다.
아버지 : 지금 학생이에요?
켄　　 : 네, 대학교에서 한국어를 배웁니다.
정은　 : 과일 드세요.

page 88

(딩동)
정은　 : 누구세요?
나오코 : 나오코예요.
(덜커덩)
정은　 : 들어오세요.

정은　 : 인사하세요. 제 어머니입니다.
나오코 : 안녕하세요? 저는 나오코입니다.
어머니 : 어서 오세요. 반갑습니다.

어머니 : 나오코 씨는 어디에서 왔어요?
나오코 : 일본 도쿄에서 왔습니다.
어머니 : 지금 학생이에요?
나오코 : 네, 대학교에서 한국어를 배웁니다.

第 8 課

🎧 page 76

ジョンウン：健さん、韓国料理は好きですか。
健　　　　：はい、韓国料理は好きです。
ジョンウン：どの料理が好きですか。
健　　　　：ビビンバです。

第 9 課

🎧 page 84

健　　　　：ジョンウンさんと私はペンパルです。
母　　　　：ああ、そうですか。健さんはどこから来ましたか。
健　　　　：日本の大阪から来ました。
父　　　　：今、学生ですか。
健　　　　：はい。大学で韓国語を学んでいます。
ジョンウン：果物をどうぞ。

page 88

(ピンポーンとベルが鳴る音)
ジョンウン：どちら様ですか。
直子　　　：直子です。
(がちゃっとドアを開ける音)
ジョンウン：どうぞ。

ジョンウン：挨拶してください。私の母です。
直子　　　：こんにちは。私は直子です。
母　　　　：いらっしゃい。お会いできて嬉しいです。

母　　　　：直子さんはどこから来ましたか。
直子　　　：日本の東京から来ました。
母　　　　：今、学生ですか。
直子　　　：はい。大学で韓国語を学んでいます。

제 10 과

① page 91

① 정은 씨는 봄을 좋아해요.
② 거리에 사람이 없어요.
③ 섬에 가세요.

page 92

거 노 도 러 머 버 소 어 조 초 커 터 퍼 호

② page 92

① 무슨 음식을 좋아해요?
② 저는 운동을 싫어해요.
③ 지하철에 사람이 많아요.

제 11 과

page 98

켄　：저, 잠깐만요. 서점이 몇 층에 있어요?
학생：오 층에 있어요. 이쪽으로 올라가세요.
켄　：컴퓨터실도 이 건물에 있어요?
학생：네, 이 층에 있어요.

page 100

① 칠이삼에 오사이륙 (723-5426)
② 오륙칠에 일공오팔 (567-1058)
③ 일일구 (119)
④ 구오삼에 구구오일 (953-9951)
⑤ 공일일 이칠사에 삼삼사일 (011-274-3341)

第 10 課

① page 91

① ジョンウンさんは春が好きです。
② 街に人がいません。
③ 島に行ってください。

② page 92

① どんな料理が好きですか。
② 私は運動が嫌いです。
③ 地下鉄に人が多いです。

第 11 課

page 98

健　：あの、すみません。本屋は何階にありますか。
学生：5階にあります。こちらに上がって行ってください。
健　：コンピュータールームもこの建物にありますか。
学生：はい、2階にあります。

page 104

손님 : 실례합니다. 식당이 몇 층에 있어요?
직원 : 십오 층에 있어요.
손님 : 여기에 약국도 있어요?
직원 : 네, 지하로 내려가세요.
손님 : 고맙습니다.

제 12 과

page 107

켄　　　: 아저씨, 이 사전 얼마예요?
아저씨 : 삼만 원입니다.
켄　　　: 어휴, 너무 비싸요. 이 사전은요?
아저씨 : 그건 이만 오천 원이에요.

page 110

① 이천오백이십오 (2,525)
② 팔만 구천구백 (89,900)
③ 십일만 천삼백 (111,300)
④ 사천오백만 (45,000,000)

제 13 과

page 114

박성호 : 켄 씨, 일요일에 뭐 했어요?
켄　　　: 친구하고 극장에 갔어요.
박성호 : 무슨 영화를 봤어요?
켄　　　: 한국 영화를 봤어요.

page 104

お客 : すみません。食堂は何階にありますか。
店員 : 15階にあります。
お客 : ここに薬局もありますか。
店員 : はい、地下へ降りて行ってください。
お客 : ありがとうございます。

第 12 課

page 107

健　　　：おじさん、この辞書いくらですか。
おじさん：3万ウォンです。
健　　　：はぁ、すごく高いですね。この辞書は？
おじさん：それは2万5千ウォンです。

第 13 課

page 114

パクソンホ：健さん、日曜日に何をしましたか。
健　　　　：友達と映画館に行きました。
パクソンホ：何の映画を見ましたか。
健　　　　：韓国の映画を見ました。

제 14 과 | 第 14 課

page 124

켄　： 지금 몇 시예요?
학생： 열두 시 오 분이에요. 오늘 약속 있어요?
켄　： 네, 열두 시에 도우미하고 약속이 있어요.
학생： 빨리 가세요.
켄　： 네, 내일 봐요.

健　　：今、何時ですか。
学生　：12時5分です。今日、約束ありますか。
健　　：はい。12時にトウミ（チューター）と約束があります。
学生　：急いで行ってください。
健　　：はい、明日会いましょう。

page 128

❶ 네 시 사십오 분 (4시 45분)
❷ 열한 시 오 분 (11시 5분)
❸ 다섯 시 삼십 분 (5시 30분)
❹ 여섯 시 십오 분 (6시 15분)
❺ 두 시 반 (2시 반)
❻ 세 시 십 분 전 (3시 10분 전)
❼ 열두 시 이십오 분 (12시 25분)
❽ 여덟 시 오 분 전 (8시 5분 전)

❶ 4時45分
❷ 11時5分
❸ 5時30分
❹ 6時15分
❺ 2時半
❻ 3時10分前
❼ 12時25分
❽ 8時5分前

제 15 과 | 第 15 課

❶ page 132

❶ 상우는 우리 집을 모릅니다.
❷ 그 국수는 뜨겁습니다.
❸ 종이에 그림을 그렸습니다.
❹ 누나는 눈이 예쁩니다.

❶ サンウは私の家を知りません。
❷ このそうめんは熱いです。
❸ 紙に絵を描きました。
❹ 姉は目がきれいです。

page 133

웃음　극장　둘　술　들　북　구름　겨울　거울

❷ page 133

① 앞뒤를 잘 보세요.
② 나무가 많습니다. 꽃도 많습니다.
③ 자주 목을 움직이세요.
④ 아기가 작습니다. 아주 귀엽습니다.

🎧 page 134

내일은 시험을 봅니다.
월요일에는 읽기 시험을 보았습니다.
내일은 듣기 시험입니다.
듣기 시험은 아주 어렵습니다.
오늘 다섯 시에 한국 친구를 만납니다.
친구하고 한국어 연습을 하고 싶습니다.
그래서 이번 시험을 잘 보고 싶습니다.

제 16 과

🎧 page 140

켄　　: 나오코 씨, 저녁 먹었어요?
나오코 : 아니요, 안 먹었어요.
켄　　: 저하고 같이 먹어요.
나오코 : 그래요, 같이 가요.
켄　　: 학생 식당으로 갈까요?
나오코 : 학교 밖으로 나갑시다.

제 17 과

🎧 page 152

켄　　: 나오코 씨, 뭘 먹고 싶어요?
나오코 : 불고기 먹을까요?
켄　　: 좋아요. 이인분 시킬까요?

---

❷ page 133

① 前後をよく見てください。
② 木が多いです。花も多いです。
③ よく首を動かしてください。
④ 子どもは小さいです。とても可愛いです。

🎧 page 134

明日は試験を受けます。
月曜日には読解試験を受けました。
明日は聞き取り試験です。
聞き取り試験はとても難しいです。
今日、五時に韓国の友達に会います。
友達と韓国語の練習をしたいです。
ですから、今回の試験は頑張りたいです。

第 16 課

🎧 page 140

健　: 直子さん、夕食は食べましたか。
直子: いいえ、食べていません。
健　: 私と一緒に食べましょう。
直子: そうですね。一緒に行きましょう。
健　: 学生食堂へ行きましょうか。
直子: 学校の外へ出ましょう。

第 17 課

🎧 page 152

健　: 直子さん、何を食べたいですか。
直子: プルコギ食べましょうか。
健　: いいですね。2人前頼みましょうか。

나오코 : 네, 시키세요.
켄 : 여기요!
종업원 : 뭘 드시겠습니까?
켄 : 불고기 이인분 주세요.
종업원 : 네, 알겠습니다.

直子 : ええ、頼んでください。
健 : すみません。
従業員 : 何になさいますか。
健 : プルコギ2人前ください。
従業員 : はい、かしこまりました。

제 18 과

page 160

켄 : 나오코 씨, 오후에 바빠요?
나오코 : 아니요, 안 바빠요.
켄 : 그러면 저랑 동대문 시장에 같이 갑시다.
나오코 : 좋아요. 저도 구두를 사고 싶어요.
켄 : 그럼, 지금 갈까요?
나오코 : 좋아요. 지금 갑시다.

① page 163

켄 : 나오코 씨, 이번 주말에 뭐 하세요?
나오코 : 왜요?
켄 : 저랑 영화 보시겠어요?
나오코 : 저는 주말에 성호 씨랑 약속이 있어요.
켄 : 그러면 다음에 같이 갑시다.
나오코 : 네.

② page 163

켄 : 정은 씨, 오늘 저녁에 바빠요?
정은 : 아니요. 왜요?
켄 : 저랑 극장에 같이 갑시다.
정은 : 좋아요.
켄 : 어디에서 만날까요?
정은 : 종로서점 앞에서 만납시다.
켄 : 그러면 여섯 시에 만납시다.

第 18 課

page 160

健 : 直子さん、午後は忙しいですか。
直子 : いいえ、忙しくないです。
健 : それじゃあ、私と東大門市場に一緒に行きましょう。
直子 : いいですね。私も靴を買いたいです。
健 : それじゃあ、今、行きますか。
直子 : いいですよ。今行きましょう。

① page 163

健 : 直子さん、今週末、何をしますか。
直子 : どうしてですか。
健 : 私と映画を見ませんか。
直子 : 私は、週末にソンホさんと約束があります。
健 : それじゃあ、今度一緒に行きましょう。
直子 : はい。

② page 163

健 : ジョンウンさん、今日の夕方、忙しいですか。
ジョンウン : いいえ、どうしてですか。
健 : 私と映画館に一緒に行きましょう。
ジョンウン : いいですよ。
健 : どこで会いましょうか。
ジョンウン : 鍾路書店の前で会いましょう。
健 : それじゃあ、6時に会いましょう。

제 19 과

🎧 page 167

나오코 : 뭘 사고 싶으세요?
켄 : 운동화를 사고 싶어요.
나오코 : 여기 신발 가게가 있네요. 들어갑시다.
아저씨 : 어서 오십시오.
켄 : 나오코 씨, 이 운동화 어때요?
나오코 : 좋아요. 멋있어요.
켄 : 아저씨, 이 운동화 얼마예요?
아저씨 : 이만 오천 원이에요.

page 174

나오코 : 왕영 씨, 이 바지 어때요?
왕영 : 너무 커요.
나오코 : 저는 이 바지가 마음에 들어요.
남자 종업원 : 손님, 죄송합니다. 그 바지는 남자 바지입니다.
왕영 : 어머! 여자 바지는 없어요?
남자 종업원 : 여기는 남자 옷만 팔아요.
　　　　　　이 층으로 가세요
여자 종업원 : 어서 오세요.
왕영 : 나오코 씨, 이 바지 어때요? 예쁘지 않아요?
나오코 : 와! 예쁘다! 이거 얼마예요?
여자 종업원 : 이만 팔천 원이에요.
나오코 : 이거 하나 주세요.

第19課

🎧 page 167

直子　　：何を買いたいですか。
健　　　：スニーカーを買いたいです。
直子　　：ここに靴屋がありますね。入りましょう。
おじさん：いらっしゃいませ。
健　　　：直子さん、このスニーカー、どうですか。
直子　　：いいですね、かっこいいですよ。
健　　　：おじさん、このスニーカー、いくらですか。
おじさん：２万５千ウォンです。

page 174

直子　　　：王英さん、このズボン、どうですか。
ワンヨン　：ずいぶん大きいですね。
直子　　　：私はこのズボンが気に入りました。
男性従業員：お客様すみません。そのズボンは紳士用ズボンです。
ワンヨン　：あら！女性用のズボンはありませんか。
男性従業員：ここは紳士服しかありません。2階にいらっしゃってください。
女性従業員：いらっしゃいませ。
ワンヨン　：直子さん、このズボンどうですか。かわいくないですか。
直子　　　：わあ！かわいい！これいくらですか。
女性従業員：２万8千ウォンです。
直子　　　：これひとつください。

제 20 과

① page 177
구 거 으 로 허 을 러 얼 거위 머리 무리

② page 178
① 여기 앉으세요.
② 동대문 시장은 옷 값이 싸요.
③ 저는 사전이 없어요.
④ 아버지께서 책을 읽으십니다.

page 179

아저씨 : 어서 오십시오. 뭘 드릴까요?
켄　　 : 아저씨, 여행 가방 있어요?
아저씨 : 그럼요. 이 가방 어때요?
켄　　 : 좀 큰데요.
아저씨 : 그럼, 이 가방은요?
켄　　 : 괜찮네요. 얼마예요?
아저씨 : 오만 원이에요.
켄　　 : 아저씨, 너무 비싸요. 좀 깎아 주세요.
아저씨 : 아니에요. 비싸지 않아요. 가방이 아주 튼튼해요.
켄　　 : 나오코 씨, 이 가방 괜찮아요?
나오코 : 좋은데요.
켄　　 : 아저씨, 여기 카드 돼요?
아저씨 : 그럼요.
켄　　 : 이 가방 하나 주세요.

第20課

① page 178
① こちらにお座りください。
② 東大門市場は洋服の値段が安いです。
③ 私は辞書がありません。
④ 父が本を読んでいます。

page 179

おじさん：いらっしゃいませ。何を差し上げましょうか。
健　　　：おじさん、旅行カバンありますか。
おじさん：もちろん。このカバンはどうですか。
健　　　：ちょっと大きいですね。
おじさん：それじゃ、このカバンは。
健　　　：いいですね。いくらですか。
おじさん：5万ウォンです。
健　　　：おじさん、高すぎます。ちょっとまけてください。
おじさん：いいえ、高くないですよ。このカバンはとても丈夫なんですよ。
健　　　：直子さん、このカバン、いいですか。
直子　　：いいですね。
健　　　：おじさん、ここ、カード使えますか。
おじさん：もちろん使えますよ。
健　　　：このカバンひとつください。

動詞活用表

	－ㅂ/습니다[叙述]	－ㅂ/습니까?[疑問]	－(으)십시오[命令]	－(으)ㅂ시다[勧誘]	－아/어요[叙述]
가깝다	가깝습니다	가깝습니까?			가까워요
가다	갑니다	갑니까?	가십시오	갑시다	가요
가르치다	가르칩니다	가르칩니까?	가르치십시오	가르칩시다	가르쳐요
건강하다	건강합니다	건강합니까?			건강해요
계시다	계십니다	계십니까?	계십시오	계십시다	계세요
고프다	고픕니다	고픕니까?			고파요
공부하다	공부합니다	공부합니까?	공부하십시오	공부합시다	공부해요
괜찮다	괜찮습니다	괜찮습니까?			괜찮아요
그렇다	그렇습니다	그렇습니까?	그러십시오	그럽시다	그래요
그리다	그립니다	그립니까?	그리십시오	그립시다	그려요
기다리다	기다립니다	기다립니까?	기다리십시오	기다립시다	기다려요
기쁘다	기쁩니다	기쁩니까?			기뻐요
깎다	깎습니다	깎습니까?	깎으십시오	깎읍시다	깎아요
깨끗하다	깨끗합니다	깨끗합니까?			깨끗해요
끓이다	끓입니다	끓입니까?	끓이십시오	끓입시다	끓여요
끝나다	끝납니다	끝납니까?			끝나요
나가다	나갑니다	나갑니까?	나가십시오	나갑시다	나가요
나쁘다	나쁩니다	나쁩니까?			나빠요
나오다	나옵니다	나옵니까?	나오십시오	나옵시다	나와요
내려가다	내려갑니다	내려갑니까?	내려가십시오	내려갑시다	내려가요
넣다	넣습니다	넣습니까?	넣으십시오	넣읍시다	넣어요
놀다	놉니다	놉니까?	노십시오	놉시다	놀아요
다니다	다닙니다	다닙니까?	다니십시오	다닙시다	다녀요
닫다	닫습니다	닫습니까?	닫으십시오	닫읍시다	닫아요
덥다	덥습니다	덥습니까?			더워요
도착하다	도착합니다	도착합니까?	도착하십시오	도착합시다	도착해요
되다	됩니다	됩니까?	되십시오	됩시다	돼요
드리다	드립니다	드립니까?	드리십시오	드립시다	드려요
들어가다	들어갑니다	들어갑니까?	들어가십시오	들어갑시다	들어가요
들어오다	들어옵니다	들어옵니까?	들어오십시오		들어와요
따라하다	따라합니다	따라합니까?	따라하십시오	따라합시다	따라해요
뜨겁다	뜨겁습니다	뜨겁습니까?			뜨거워요
마시다	마십니다	마십니까?	마시십시오	마십시다	마셔요
만나다	만납니다	만납니까?	만나십시오	만납시다	만나요
많다	많습니다	많습니까?			많아요
맛없다	맛없습니다	맛없습니까?			맛없어요
맛있다	맛있습니다	맛있습니까?			맛있어요
맵다	맵습니다	맵습니까?			매워요
먹다	먹습니다	먹습니까?	잡수십시오	먹읍시다	먹어요
모르다	모릅니다	모릅니까?			몰라요
바쁘다	바쁩니다	바쁩니까?			바빠요
반갑다	반갑습니다	반갑습니까?			반가워요
받다	받습니다	받습니까?	받으십시오	받읍시다	받아요
배우다	배웁니다	배웁니까?	배우십시오	배웁시다	배워요
보내다	보냅니다	보냅니까?	보내십시오	보냅시다	보내요
보다	봅니다	봅니까?	보십시오	봅시다	봐요
부르다	부릅니다	부릅니까?	부르십시오	부릅시다	불러요
비싸다	비쌉니다	비쌉니까?			비싸요
사다	삽니다	삽니까?	사십시오	삽시다	사요
사랑하다	사랑합니다	사랑합니까?	사랑하십시오	사랑합시다	사랑해요
살다	삽니다	삽니까?	사십시오	삽시다	살아요
생각하다	생각합니다	생각합니까?	생각하십시오	생각합시다	생각해요
소개하다	소개합니다	소개합니까?	소개하십시오	소개합시다	소개해요

-아/어요?[疑問]	-(으)세요[命令]	-(으)세요?[疑問]	-(으)ㄹ까요?[提案]	-았/었습니다[叙述]
가까워요?		가까우세요?		가까웠습니다
가요?	가세요	가세요?	갈까요?	갔습니다
가르쳐요?	가르치세요	가르치세요?	가르칠까요?	가르쳤습니다
건강해요?	건강하세요	건강하세요?		건강했습니다
계세요?	계세요	계세요?	계실까요?	계셨습니다
고파요?		고프세요?		고팠습니다
공부해요?	공부하세요	공부하세요?	공부할까요?	공부했습니다
괜찮아요?		괜찮으세요?		괜찮았습니다
그래요?	그러세요	그러세요?	그럴까요?	그랬습니다
그려요?	그리세요	그리세요?	그릴까요?	그렸습니다
기다려요?	기다리세요	기다리세요?	기다릴까요?	기다렸습니다
기뻐요?		기쁘세요?		기뻤습니다
깎아요?	깎으세요	깎으세요?	깎을까요?	깎았습니다
깨끗해요?		깨끗하세요?		깨끗했습니다
끓여요?	끓이세요	끓이세요?	끓일까요?	끓였습니다
끝나요?		끝나세요?		끝났습니다
나가요?	나가세요	나가세요?	나갈까요?	나갔습니다
나빠요?		나쁘세요?		나빴습니다
나와요?	나오세요	나오세요?	나올까요?	나왔습니다
내려가요?	내려가세요	내려가세요?	내려갈까요?	내려갔습니다
넣어요?	넣으세요	넣으세요?	넣을까요?	넣었습니다
놀아요?	노세요	노세요?	놀까요?	놀았습니다
다녀요?	다니세요	다니세요?	다닐까요?	다녔습니다
닫아요?	닫으세요	닫으세요?	닫을까요?	닫았습니다
더워요?		더우세요?		더웠습니다
도착해요?	도착하세요	도착하세요?		도착했습니다
돼요?	되세요	되세요?	될까요?	되었습니다/됐습니다
드려요?	드리세요	드리세요?	드릴까요?	드렸습니다
들어가요?	들어가세요	들어가세요?	들어갈까요?	들어갔습니다
들어와요?	들어오세요	들어오세요?	들어올까요?	들어왔습니다
따라해요?	따라하세요	따라하세요?	따라할까요?	따라했습니다
뜨거워요?		뜨거우세요?		뜨거웠습니다
마셔요?	마시세요	마시세요?	마실까요?	마셨습니다
만나요?	만나세요	만나세요?	만날까요?	만났습니다
많아요?		많으세요?		많았습니다
맛없어요?		맛없으세요?		맛없었습니다
맛있어요?		맛있으세요?		맛있었습니다
매워요?		매우세요?		매웠습니다
드세요?	드세요 / 잡수세요	드세요?/ 잡수세요?	먹을까요?	먹었습니다
몰라요?		모르세요?		몰랐습니다
바빠요?		바쁘세요?		바빴습니다
반가워요?		반가우세요?		반가웠습니다
받아요?	받으세요	받으세요?	받을까요?	받았습니다
배워요?	배우세요	배우세요?	배울까요?	배웠습니다
보내요?	보내세요	보내세요?	보낼까요?	보냈습니다
봐요?	보세요	보세요?	볼까요?	봤습니다
불러요?	부르세요	부르세요?	부를까요?	불렀습니다
비싸요?				비쌌습니다
사요?	사세요	사세요?	살까요?	샀습니다
사랑해요?	사랑하세요	사랑하세요?		사랑했습니다
살아요?	사세요	사세요?	살까요?	살았습니다
생각해요?	생각하세요	생각하세요?	생각할까요?	생각했습니다
소개해요?	소개하세요	소개하세요?	소개할까요?	소개했습니다

	-ㅂ/습니다[叙述]	-ㅂ/습니까?[疑問]	-(으)십시오[命令]	-(으)ㅂ시다[勧誘]	-아/어요[叙述]
숙제하다	숙제합니다	숙제합니까?	숙제하십시오	숙제합시다	숙제해요
쉬다	쉽니다	쉽니까?	쉬십시오	쉽시다	쉬어요
쉽다	쉽습니다	쉽습니까?			쉬워요
슬프다	슬픕니다	슬픕니까?			슬퍼요
시키다	시킵니다	시킵니까?	시키십시오	시킵시다	시켜요
싫어하다	싫어합니다	싫어합니까?			싫어해요
싸다	쌉니다	쌉니까?			싸요
쓰다	씁니다	씁니까?	쓰십시오	씁시다	써요
씻다	씻습니다	씻습니까?	씻으십시오	씻읍시다	씻어요
아니다	아닙니다	아닙니까?			아니에요
아프다	아픕니다	아픕니까?			아파요
앉다	앉습니다	앉습니까?	앉으십시오	앉읍시다	앉아요
않다	않습니다	않습니까?			않아요
알다	압니다	압니까?	아십시오	압시다	알아요
어떻다	어떻습니다	어떻습니까?			
어렵다	어렵습니다	어렵습니까?			어려워요
없다	없습니다	없습니까?			없어요
열다	엽니다	엽니까?	여십시오	엽시다	열어요
예쁘다	예쁩니다	예쁩니까?			예뻐요
오다	옵니다	옵니까?	오십시오	옵시다	와요
올라가다	올라갑니다	올라갑니까?	올라가십시오	올라갑시다	올라가요
운동하다	운동합니다	운동합니까?	운동하십시오	운동합시다	운동해요
울다	웁니다	웁니까?	우십시오	웁시다	울어요
웃다	웃습니다	웃습니까?	웃으십시오	웃읍시다	웃어요
유명하다	유명합니다	유명합니까?			유명해요
이다	입니다	입니까?			이에요 / 예요
이야기하다	이야기합니다	이야기합니까?	이야기하십시오	이야기합시다	이야기해요
인사하다	인사합니다	인사합니까?	인사하십시오	인사합시다	인사해요
일어나다	일어납니다	일어납니까?	일어나십시오	일어납시다	일어나요
읽다	읽습니다	읽습니까?	읽으십시오	읽읍시다	읽어요
입다	입습니다	입습니까?	입으십시오	입읍시다	입어요
있다	있습니다	있습니까?	계십시오	있읍시다	있어요
자다	잡니다	잡니까?	주무십시오	잡시다	자요
작다	작습니다	작습니까?			작아요
재미없다	재미없습니다	재미없습니까?			재미없어요
재미있다	재미있습니다	재미있습니까?			재미있어요
적다	적습니다	적습니까?			적어요
전화하다	전화합니다	전화합니까?	전화하십시오	전화합시다	전화해요
좋아하다	좋아합니다	좋아합니까?			좋아해요
주다	줍니다	줍니까?	주십시오	줍시다	주어요 / 줘요
주문하다	주문합니다	주문합니까?	주문하십시오	주문합시다	주문해요
질문하다	질문합니다	질문합니까?	질문하십시오	질문합시다	질문해요
찍다	찍습니다	찍습니까?	찍으십시오	찍읍시다	찍어요
찾다	찾습니다	찾습니까?	찾으십시오	찾읍시다	찾아요
춥다	춥습니다	춥습니까?			추워요
친절하다	친절합니다	친절합니까?			친절해요
크다	큽니다	큽니까?			커요
타다	탑니다	탑니까?	타십시오	탑시다	타요
튼튼하다	튼튼합니다	튼튼합니까?			튼튼해요
팔다	팝니다	팝니까?	파십시오	팝시다	팔아요
펴다	폅니다	폅니까?	펴십시오	폅시다	펴요
피곤하다	피곤합니다	피곤합니까?			피곤해요
피우다	피웁니다	피웁니까?	피우십시오	피웁시다	피워요
하다	합니다	합니까?	하십시오	합시다	해요
행복하다	행복합니다	행복합니까?			행복해요

-아/어요?[疑問]	-(으)세요[命令]	-(으)세요?[疑問]	-(으)ㄹ까요?[提案]	-았/었습니다[叙述]
숙제해요?	숙제하세요	숙제하세요?	숙제할까요?	숙제했습니다
쉬어요?	쉬세요		쉴까요?	쉬었습니다
쉬워요?		쉬우세요?		쉬웠습니다
슬퍼요?		슬프세요?		슬펐습니다
시켜요?	시키세요	시키세요?	시킬까요?	시켰습니다
싫어해요?		싫어하세요?		싫어했습니다
싸요?				쌌습니다
써요?	쓰세요	쓰세요?	쓸까요?	썼습니다
씻어요?	씻으세요	씻으세요?	씻을까요?	씻었습니다
아니에요?		아니세요?		아니었습니다
아파요?		아프세요?		아팠습니다
앉아요?	앉으세요	앉으세요?	앉을까요?	앉았습니다
않아요?		않으세요?		않았습니다
알아요?	아세요	아세요?		알았습니다
어때요?		어떠세요?		
어려워요?		어려우세요?		어려웠습니다
없어요?		없으세요?		없었습니다
열어요?	여세요	여세요?	열까요?	열었습니다
예뻐요?		예쁘세요?		예뻤습니다
와요?	오세요	오세요?	올까요?	왔습니다
올라가요?	올라가세요	올라가세요?	올라갈까요?	올라갔습니다
운동해요?	운동하세요	운동하세요?	운동할까요?	운동했습니다
울어요?	우세요	우세요?	울까요?	울었습니다
웃어요?	웃으세요	웃으세요?	웃을까요?	웃었습니다
유명해요?		유명하세요?		유명했습니다
이에요 / 예요?		이세요 / 세요?		이었습니다/였습니다
이야기해요?	이야기하세요	이야기하세요?	이야기할까요?	이야기했습니다
인사해요?	인사하세요	인사하세요?	인사할까요?	인사했습니다
일어나요?	일어나세요	일어나세요?	일어날까요?	일어났습니다
읽어요?	읽으세요	읽으세요?	읽을까요?	읽었습니다
입어요?	입으세요	입으세요?	입을까요?	입었습니다
있어요?	계세요	계세요?	있을까요?	있었습니다
자요?	주무세요	주무세요?	잘까요?	잤습니다
작아요?		작으세요?		작았습니다
재미없어요?		재미없으세요?		재미없었습니다
재미있어요?		재미있으세요?		재미있었습니다
적어요?		적으세요?		적었습니다
전화해요?	전화하세요	전화하세요?	전화할까요?	전화했습니다
좋아해요?		좋아하세요?		좋아했습니다
주어요 / 줘요?	주세요	주세요?	줄까요?	주었습니다 / 줬습니다
주문해요?	주문하세요	주문하세요?	주문할까요?	주문했습니다
질문해요?	질문하세요	질문하세요?	질문할까요?	질문했습니다
찍어요?	찍으세요	찍으세요?	찍을까요?	찍었습니다
찾아요?	찾으세요	찾으세요?	찾을까요?	찾았습니다
추워요?		추우세요?		추웠습니다
친절해요?		친절하세요?		친절했습니다
커요?		크세요?		컸습니다
타요?	타세요	타세요?	탈까요?	탔습니다
튼튼해요?				튼튼했습니다
팔아요?	파세요	파세요?	팔까요?	팔았습니다
펴요?	펴세요	펴세요?	펼까요?	폈습니다
피곤해요?		피곤하세요?		피곤했습니다
피워요?	피우세요	피우세요?	피울까요?	피웠습니다
해요?	하세요	하세요?	할까요?	했습니다
행복해요?		행복하세요?		행복했습니다

表現

韓国語	頁	日本語	韓国語	頁	日本語
감사합니다.	27	ありがとうございます。	안녕하세요?	25	こんにちは。
고마워요.	68	ありがとう。	안녕히 가세요.	28	さようなら。
고맙습니다.	25	ありがとうございます。	안녕히 계세요.	28	さようなら。
괜찮네요.	179	いいですね。	안녕히 주무세요.	66	お休みなさい。
그래요.	140	そうですね。	알겠습니까?	19	分かりましたか。
노래를 부르다.	89	歌を歌う	알겠습니다.	19	分かりました。
누구세요?	68	どちら様ですか。	약속이 있다.	124	約束がある
담배를 피우다.	181	たばこを吸う	어!	25	あっ！
대답하세요.	66	答えてください。	어디에 살아요?	29	どこに住んでいますか。
들어오세요.	88	どうぞ。	어디에서 왔어요?	26	どこから来ましたか。
등산을 가다.	156	山登りに行く	어때요?	167	どうですか。
따라하세요.	19	後に続いてください。	어머!	174	あら！
마음에 들다.	175	気にいる	어서 오세요.	66	いらっしゃいませ。／ようこそ。
만나서 반갑습니다.	26	お会い出来てうれしいです。	여기요!	152	すみません！
맛있게 드세요.	66	どうぞ召し上がってください。	와!	174	わ！
모두 얼마예요?	153	全部でいくらですか。	왜요?	62	どうしてですか。
모르겠습니다.	19	分かりません。	우산을 쓰다.	130	傘をさす
물 좀 주세요.	153	お水ください。	이게 한국말로 뭐예요?	38	これは韓国語で何と言いますか。
뭘 드시겠습니까?	153	何になさいますか。	이름이 뭐예요?	26	お名前は？
뭘 했어요?	121	何をしましたか。	이야기해 보세요.	19	話してください。
미안합니다.	27	すみません。	읽어 보세요.	19	読んでください。
반찬 좀 더 주세요.	153	おかずをもうちょっとください。	잘 들으세요.	19	よく聞いてください。
배가 고프다.	163	お腹がすく	잘 모르겠어요.	38	よく分かりません。
불고기 2인분 주세요.	153	プルコギ2人前ください。	잘 했습니다.	19	よくできました。
비가 오다.	130	雨が降る	잠깐만요.	68	ちょっと待ってください。
사진을 찍다.	134	写真を撮る	좀 깎아 주세요.	179	ちょっとまけてください。
생일 축하해요!	68	お誕生日おめでとう！	죄송합니다.	25	申し訳ありません。／すいません。
수업이 끝나다.	129	授業が終わる	지금 뭐 해요?	73	今何をしていますか。
숙제해 오세요.	66	宿題をして来てください。	진심으로 축하합니다.	74	本当におめでとうございます。
시험을 보다.	118	試験を受ける	질문 있습니까?	19	質問ありますか。
실례합니다.	56	失礼します。	질문 있습니다.	19	質問があります。
써 보세요.	19	書いてください。	책을 펴세요.	19	本を開いてください。
아, 그래요?	62	あ、そうですか。	카드 돼요?	179	カード使えますか。
아니요.	33	いいえ			
안녕!	28	じゃあね。			

語彙

가게	86	店		과자	15	お菓子
가깝다	165	近い		괜찮다	179	いい
가다	48	行く		교실	17	教室
가르치다	48	教える		교회	15	教会
가방	17	かばん		구	99	九
가수	137	歌手		구두	15	靴
가을	81	秋		국	151	スープ
가장	165	もっとも		국물	158	汁
가족	17	家族		권	168	～冊
갈비	141	カルビ		귀	15	耳
갈비탕	141	カルビタン		그	40	その
감사하다	27	ありがたい		그것	39	それ
값	112	値段		그래서	82	それで
강아지	168	子犬		그러면	164	それでは
개	168	～個		그런데	94	ところで
거실	84	居間／リビングルーム		그렇다	62	そうだ
건강하다	74	健康だ		그릇	169	杯
건물	98	建物		그리다	65	描く
게임	155	ゲーム		극장	17	映画館／劇場
겨울	81	冬		근처	46	近く
경주	162	慶州(キョンジュ)		금요일	115	金曜日
계시다	50	いらっしゃる		기다리다	157	待つ
계절	81	季節		기쁘다	163	嬉しい
고맙다	25	ありがたい		기숙사	56	寮／寄宿舎
고양이	17	猫		기역	14	キヨク
고추장	82	コチュジャン(唐辛子味噌)		기차	15	汽車
고프다	162	(お腹が)空く		김밥	141	キムパプ(海苔巻)
고향	52	故郷		김치	17	キムチ
공	99	ゼロ		김치찌개	141	キムチチゲ
공부	120	勉強		깎다	179	まける
공부하다	65	勉強する		깨끗하다	64	きれいだ
공원	143	公園		꽃	17	花
공책	17	ノート		끓이다	158	沸かす
공항	17	空港		끝나다	129	終わる
과일	155	果物		나	22	私

한국어	쪽	日本語	한국어	쪽	日本語
나가다	140	出る	닫다	120	閉める
나라	27	国	달	17	月
나무	15	木	담배	135	たばこ
나쁘다	162	悪い	대공원	134	大公園
나오다	130	出てくる	대사관	17	大使館
날씨	122	天気	대학교	17	大学
남동생	22	弟	대학생	42	大学生
남자	17	男	덥다	87	暑い
남자 친구	41	彼氏	도서관	17	図書館
남편	17	夫	도우미	52	チューター
내	42	私の	도착하다	129	到着する
내려가다	104	降りる	도쿄	56	東京
내일	62	明日	돈	17	(お)金
냉면	141	冷麺	돈까스	144	とんかつ
냉장고	17	冷蔵庫	동대문	121	東大門(トンデムン)
너무	107	すごく	동생	73	弟／妹
넣다	158	入れる	되다	179	使える
네	33	はい	된장찌개	141	テンジャンチゲ(味噌汁)
네	125	四つの	두	125	二つの
넥타이	19	ネクタイ	둘	125	二つ
넷	125	四つ	뒤	63	後ろ
노래	80	歌	드리다	179	差し上げる
노트	19	ノート	드시다	65	召し上がる
놀다	134	遊ぶ	듣기	134	聞き取り
농구	81	バスケットボール(競技)	듣다	19	聞く
농구공	88	バスケットのボール	들	89	～達
누구	35	誰	들어가다	167	入る
누나	22	姉・お姉さん(弟から見て)	들어오다	88	どうぞ
눈	17	目	등산	156	山登り
니은	14	ニウン	디귿	14	ティグッ
다니다	73	通う	디스켓	169	フロッピーディスク
다리	15	脚	따라하다	19	後に続く
다섯	125	五つ(の)	딸	17	娘
다음 주	115	来週	떡	141	餅
단어	172	単語	떡볶이	157	トッポッキ

뜨겁다	158	熱い	문	17	ドア
라면	17	ラーメン	물	17	水
리을	14	リウル	물건	165	品物
마리	168	〜匹	물냉면	174	水冷麺
마시다	71	飲む	미안하다	27	すみません
마음	175	気	미음	14	ミウム
마흔	125	四十	미터	105	メートル
만	108	万	바나나	19	バナナ
만나다	66	会う	바다	15	海
만두	157	マンドゥ／餃子	바람	17	風
만두국	141	マンドゥスープ	바쁘다	160	忙しい
많다	47	多い	바지	15	ズボン
많이	82	たくさん	밖	140	外
맛없다	90	おいしくない	반	94	クラス
맛있다	71	おいしい	반	127	半
매일	82	毎日	반갑다	26	(お会い出来て)うれしい
맥주	17	ビール	반지	135	指輪
맵다	150	辛い	반찬	150	おかず
머리	15	頭	받다	68	どうぞ
먹다	65	食べる	발	17	足
먼저	158	先に	방	17	部屋
메뉴	19	メニュー	방학	162	休み
메모	19	メモ	배	15	梨
며칠	116	何日	배	163	お腹
명	168	〜人／名	배구	81	バレーボール
몇	98	何	배우다	80	習う
모두	127	全て	백	99	百
모레	164	あさって	백만	108	百万
모르다	19	分からない／知らない	백화점	17	デパート
모자	15	帽子	버스	19	バス
목	17	首／のど	번	100	〜番
목요일	116	木曜日	병	169	〜本(瓶)
몸	17	体	병원	17	病院
무슨	80	どんな	보내다	86	送る
무엇	38	何	보다	65	見る

볶음밥	141	チャーハン	생선	170	魚
볼펜	19	ボールペン	생일	62	誕生日
봄	81	春	서른	125	三十(の)
부르다	89	歌う	서울	17	ソウル
부모님	46	両親	서점	98	書店
분	168	人／名	선물	68	プレゼント
분	127	分	선생님	18	先生
분식집	158	粉食店	선수	137	選手
불	17	火	설악산	162	雪岳山(ソラク山)
불고기	141	プルコギ	세	125	三つの
비	15	雨	세탁기	169	洗濯機
비누	15	石鹸	셋	125	三つ
비빔밥	76	ビビンバ	소	15	牛
비싸다	70	高い	소개하다	73	紹介する
비읍	14	ピウプ	소파	19	ソファー
비행기	17	飛行機	소풍	17	遠足／ピクニック
빈대떡	141	ピンデトク	손	17	手
빨리	124	早く	손가락	127	(手の)指
빵	17	パン	손님	174	お客様
빵집	37	パン屋	손수건	17	ハンカチ
사	99	四	송이	169	～輪
사과	15	りんご	쇼핑	19	ショッピング
사다	78	買う	수건	17	タオル
사람	17	人	수박	17	すいか
사랑하다	71	愛する	수업	129	授業
사무실	172	事務室／オフィス	수영	78	水泳
사전	17	辞書	수요일	116	水曜日
사진	17	写真	수첩	110	手帳
산	17	山	숙제	78	宿題
살다	52	住む	숙제하다	146	宿題をする
삼	99	三	순두부찌개	141	スンドゥブチゲ(豆腐の鍋)
삼계탕	141	参鶏湯(サムゲタン)	순가락	151	スプーン
상	151	お膳	술	181	お酒
샌드위치	19	サンドウィッチ	쉬다	106	休む
생각하다	71	考える	쉰	125	五十(の)

쉽다	90	やさしい	아래	63	下
슈퍼마켓	158	スーパーマーケット	아버지	15	父
스무	125	二十(の)	아이	12	子供
스물	125	二十	아이스크림	19	アイスクリーム
스파게티	141	スパゲッティ	아저씨	107	おじさん
슬프다	163	悲しい	아주	64	とても
시	127	時	아주머니	82	おばさん
시간	62	時間	아침	85	朝(時間)
시계	15	時計	아침	154	朝(ご飯)
시옷	14	シオッ	아프다	163	痛い／病む
시장	17	市場	아홉	125	九(の)
시청	17	市役所	아흔	125	九十(の)
시키다	144	注文する	안	145	～しない
시험	118	試験	안경	17	眼鏡
시험지	180	試験用紙	안녕하다	25	元気だ
식당	17	食堂	앉다	65	座る
식사	164	食事	않다	147	～しない
식탁	93	食卓	알다	120	知る／分かる
신문	17	新聞	앞	63	前
신발	17	靴	야구	15	野球
실례하다	56	失礼する	야구공	88	野球のボール
싫어하다	88	嫌う	약국	17	薬局
십	99	十	양말	17	靴下
십만	108	十万	양복	169	スーツ
싶다	111	～したい	양식	81	洋食
싶어하다	113	～したがる	어	25	あっ
싸다	82	安い	어느	44	どの
쓰다	163	書く	어디	26	どこ
씨	27	～さん	어떤	165	どんな
씻다	65	洗う	어떻게	158	どのように
아	62	あっ	어떻다	173	どうである
아내	15	妻	어렵다	90	難しい
아니다	69	～でない	어머	174	あら
아니요	33	いいえ	어머니	15	母
아들	22	息子	어서	68	どうぞ／さあ

語彙 ● 219

어제	115	昨日		오른쪽	63	右
어휴	107	はぁ		오므라이스	144	オムライス
언니	22	姉／お姉さん(妹から見て)		오빠	22	兄／お兄さん(妹から見て)
언제	118	いつ		오이	12	きゅうり
언제나	74	いつでも		오전	121	午前
얼굴	17	顔		오후	118	午後
얼마	107	どのくらい		올라가다	98	上る／上がる
없다	47	ない／いない		옷	78	服
에어컨	19	エアコン		옷장	64	タンス
엘리베이터	19	エレベーター		와	12	わあっ！
여기	30	ここ		왜	12	なぜ
여덟	125	八つ		외국	165	外国
여동생	22	妹		외국인	17	外国人
여든	125	八十(の)		외할머니	22	母方の祖母
여러분	73	みなさん		외할아버지	22	母方の祖父
여름	81	夏		왼쪽	17	左 (側)
여섯	125	六つ		요일	115	曜日
여우	12	きつね		우산	17	雨傘
여자	15	女の人		우유	12	牛乳
여행	179	旅行		우체국	17	郵便局
역	130	駅		우표	15	切手
연습	134	練習		운동	80	運動
연필	17	鉛筆		운동장	30	運動場
열	125	十(の)		운동하다	71	運動する
열다	165	開ける		운동화	17	スニーカー
열두	124	十二		울다	71	泣く
영	99	零		웃다	71	笑う
영화	17	映画		원	107	ウォン(韓国の通貨単位)
영화표	169	映画のチケット		월	115	月
옆	63	横		월요일	116	月曜日
예쁘다	113	きれい		위	12	上
예순	125	六十(の)		유명하다	165	有名だ
오	99	五		육	99	六
오늘	82	今日		은행	17	銀行
오다	48	来る		음식	76	食べ物／料理

의사	73	医者	잔치	122	宴会／パーティー
의자	15	イス	잘	19	よく
이	99	二	잠시만	157	少々
이	40	この	잡수시다	94	召し上がる
이	12	歯	잡지	103	雑誌
이것	39	これ	잡채	89	チャプチェ
이름	17	名前	장	168	～枚
이번	115	今回／今～	장미	169	バラ
이야기	174	話	장소	17	場所
이야기하다	19	話をする	재미없다	90	つまらない
이유	12	理由	재미있게	134	面白く
이응	16	イウン	재미있다	90	面白い
이태원	29	イテウォン(梨泰院)	저	98	あのー
인분	153	～人前	저	40	あの
인사하다	68	挨拶する	저	25	私
인삼	174	高麗人参	저것	39	あれ
일	99	一	저기	30	あそこ
일	115	日	저녁	94	夕方
일곱	125	七(つ)	저녁	140	夕食
일본	26	日本	적다	47	少ない
일식	81	日本食／和食	전화	17	電話
일어나다	129	起きる	전화 번호	100	電話番号
일요일	114	日曜日	전화기	110	電話機
일흔	125	七十	전화하다	155	電話する
읽다	47	読む	점심	86	昼食
입	17	口	젓가락	17	箸
입다	78	着る	정문	149	正門
있다	47	ある／いる	제	26	私の
잎	17	葉	제주도	52	チェジュド(済州島)
자다	48	寝る	조금	82	少し
자동차	17	自動車	좀	179	ちょっと
자장면	141	ジャージャー麺	종로	172	チョンノ(鍾路)
자전거	169	自転車	좋아하다	76	好きだ
자주	105	しょっちゅう	죄송하다	25	申し訳ない
작다	49	小さい	주	115	週

주다	82	くれる		축구	80	サッカー
주로	158	主に		축구공	110	サッカーボール
주말	118	週末		축하하다	62	祝う
주머니	127	ポケット		춥다	87	寒い
주무시다	65	お休みになる		층	98	～階
주문하다	181	注文する		치마	15	スカート
주스	19	ジュース		치읓	14	チウッ
중국	43	中国		친절하다	82	親切だ
중식	81	中華料理		칠	99	七
지갑	113	財布		칠판	17	黒板
지금	29	今		침대	64	ベッド
지난	115	前の		카드	19	カード
지도	15	地図		카레라이스	144	カレーライス
지우개	21	消しゴム		카메라	15	カメラ
지읒	14	チウッ		카세트	135	カセット
지하	105	地下		카페	94	カフェ
지하철	130	地下鉄		칼국수	141	カルグクス
질문	19	質問		커피	19	コーヒー
질문하다	48	質問する		컴퓨터	19	コンピューター
집	46	家		컴퓨터실	98	コンピュータールーム
쪽	98	～の方		컵	19	カップ
찌개	151	チゲ／鍋		켤레	169	～足
찍다	134	撮る		코	15	鼻
차	155	お茶		콜라	19	コーラ
차	15	車		크다	49	大きい
창문	17	窓		키읔	14	キウヶ
찾다	65	探す		타다	174	乗る
책	17	本		탁구	81	卓球
책상	17	机		태권도	17	テコンドー
책꽂이	64	本棚		태극기	17	太極旗（韓国の国旗）
처음	150	初めて		택시	19	タクシー
천	108	千		턱	17	あご
천만	108	千万		텔레비전	19	テレビ
첫 번째	135	一番目		토요일	115	土曜日
초급	94	初級		트럭	19	トラック

한국어	頁	日本語		한국어	頁	日本語
특히	165	特に		한식집	158	韓国料理屋
튼튼하다	179	丈夫だ		할머니	17	祖母／おばあさん
티읕	14	ティウッ		할아버지	17	祖父／おじいさん
파키스탄	27	パキスタン		함께	174	一緒に
파티	19	パーティー		해	15	太陽
팔	99	八		햄버거	141	ハンバーガー
팔다	158	売る		행복하다	74	幸せだ
펜팔	84	ペンパル		혀	15	舌
펴다	19	開く		형	22	兄／お兄さん(弟から見て)
편지	17	手紙		혜화동	52	恵化洞(ヘファドン)
포도	15	ぶどう		호	101	～号
포크	19	フォーク		호텔	19	ホテル
피곤하다	172	疲れる		화요일	115	火曜日
피우다	181	吸う		화장실	17	トイレ
피읖	14	ピウプ		회기동	52	回基洞(フェギドン)
피자	141	ピザ		회사	80	会社
필름	19	フィルム		휴게실	104	休憩室
필통	135	筆箱		휴대폰	111	携帯電話
하나	125	一つ		히읗	14	ヒウッ
하늘	17	空				
하다	78	する				
하숙집	52	下宿				
학교	17	学校				
학생	21	学生				
학생 식당	30	学生食堂				
학생증	29	学生証				
학생회관	104	学生会館				
한	125	一つ(の)				
한강	17	漢江(ハンガン)				
한국	17	韓国				
한국말	38	韓国語				
한국어	17	韓国語				
한글	17	ハングル				
한복	169	韓服(韓国の民族衣装)				
한식	81	韓国料理				

著者

慶熙大学国際教育院

<ruby>金<rt>キム</rt></ruby> <ruby>重<rt>ジュン</rt></ruby> <ruby>燮<rt>ソプ</rt></ruby>	慶熙大学　国際教育院　院長 慶熙大学　国語国文学科　博士	
<ruby>趙<rt>チョ</rt></ruby> <ruby>顯<rt>ヒョン</rt></ruby> <ruby>龍<rt>ヨン</rt></ruby>	慶熙大学　国際教育院　教学部長 慶熙大学　国語国文学科　博士	
<ruby>方<rt>パン</rt></ruby> <ruby>聖<rt>ソン</rt></ruby> <ruby>媛<rt>ウォン</rt></ruby>	慶熙　サイバー大学　教授 慶熙大学　国語国文学科　博士	
<ruby>李<rt>イ</rt></ruby> <ruby>定<rt>ジョン</rt></ruby> <ruby>喜<rt>ヒ</rt></ruby>	慶熙大学　国際教育院　韓国語教育部長 慶熙大学　国語国文学科　博士	

日本語監訳

姜 奉 植 （カン ボン シック）　岩手県立大学　教授

イラストレータ

呉 敬 珍 （オ キョン ジン）

日本人のための
韓国語 ナビ 初級1

2009年　6月　 1日　初版第1刷　印刷
2009年　6月　10日　初版第1刷　発行

著者　　慶熙大学国際教育院
監訳者　姜 奉 植
発行者　佐藤今朝夫
発行所　株式会社　国書刊行会
〒174-0056 東京都板橋区志村1-13-15
TEL. 03(5970)7421（代表）　FAX. 03(5970)7427
http://www.kokusho.co.jp

許可なしに転載・複製することを禁じます。
落丁本・乱丁本はお取替いたします。

ISBN 978-4-336-05110-3

© 2007 慶熙大学国際教育院, Language PLUS